拈花意靖玥
南红展情怀

手机：134 5154 5433
店铺地址：苏州市姑苏区十全街164号
淘宝网店：http://nanhongmanao.taobao.com
邮箱：69124346@qq.com
公众微信：赵靖玥玉艺

谁都不理 傲财神

支持单位
中国珠宝玉石首饰行业协会
中国收藏家协会

主办单位
苏州石玉文化行业协会
南红专业委员会

苏州南红网：www.sznh.net
微信公众号：sznanhong
官方微博：苏州南红网

专家顾问
寿嘉华	国土资源部原副部长
	中国观赏石协会会长
阎振堂	中国收藏家协会名誉会长
罗伯健	中国收藏家协会会长
杨似三	中国珠宝玉石首饰行业协会副会长
温桂华	北京拍卖行业协会会长
高美斯	欧洲保护中华艺术协会主席
黄 宏	少将、中国人民解放军国防大学教授
熊元吉	少将、中国将军书画院常务副院长
栾秉璈	中国宝玉石联谊会副理事长
	中国宝玉石协会副会长
	亚洲珠宝联合会副会长
沈 宽	北京赏石艺术研究会名誉会长
季荣伦	中国地质科学院高级工程师

编审委员会
出品人：丁在煜
主　编：王开峰
副主编：田 燕
美术总监：张留安

编委
陆 华　李忠文　曾朝志　汤建明
邓 凌　张博伟　孙力民　刘 一　周君亮
华容石　韩 龙　牛 军　张 琳　汤 孟

电话：010-8353 6506
地址：北京市西城区陶然亭路 53 号南楼 434 室
承印：北京凯德印刷有限责任公司

版权声明
《国色南红》编辑部保留所有权利。未经本编辑部书面允许，不得以任何目的，以任何形式或手段复印、翻印、传播或以其他任何方式使用本刊的所有图文，本声明长期有效。

征购电话：158 5008 2427
征购网站：www.sznh.net

目录 Contents

01　　前　言

独家聚焦
04　　南红玉石　再续辉煌
09　　叶遂群　因南红更出彩

南红视界
16　　南红 穿越千古的"红色诱惑"
32　　南红籽料的前世今生
34　　美姑南红 走可持续发展道路

精品赏析
36　　精美绝伦的古代南红雕件
39　　见　佛
41　　暗香浮动
43　　青莲水盂

文化南红
44　　季荣伦　"中国红"必风靡全球
46　　栾秉璈　南红文化古已有之
48　　李　杰　挖掘南红宝石美

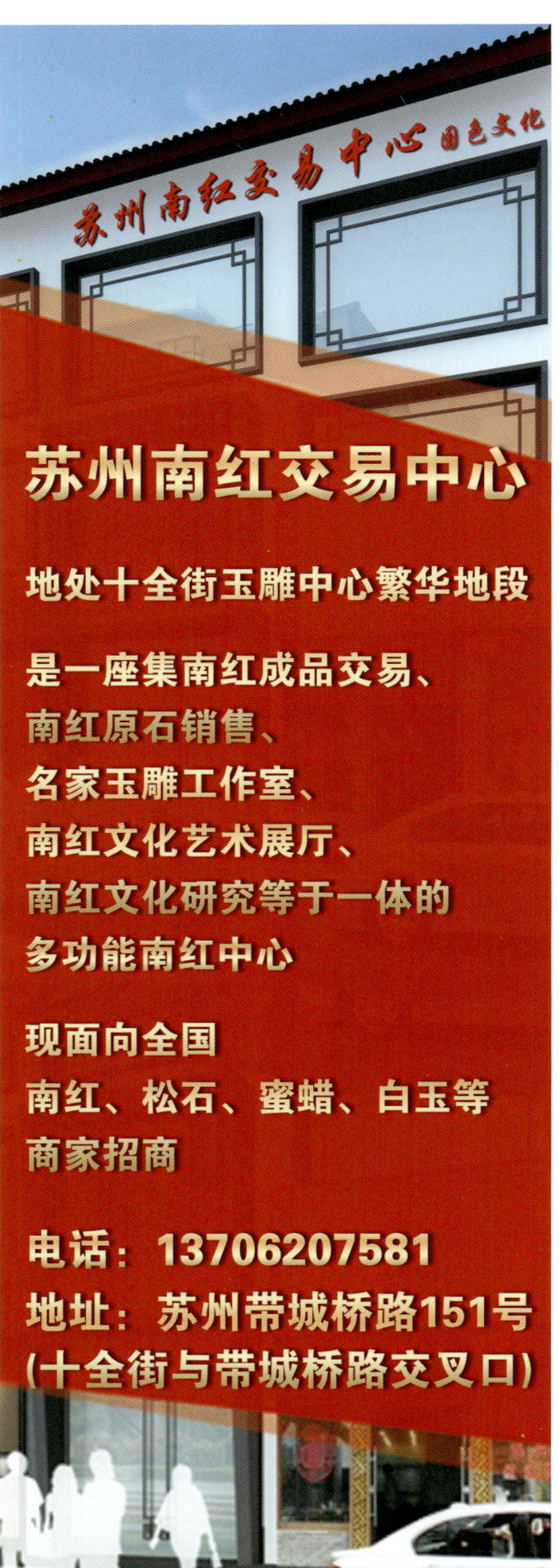

苏州南红交易中心

地处十全街玉雕中心繁华地段

是一座集南红成品交易、
南红原石销售、
名家玉雕工作室、
南红文化艺术展厅、
南红文化研究等于一体的
多功能南红中心

现面向全国
南红、松石、蜜蜡、白玉等
商家招商

电话：13706207581
地址：苏州带城桥路151号
（十全街与带城桥路交叉口）

独占鳌头
（侯晓锋）

目录 Contents

50　刘　一　玉石玩的是历史和传承
54　李文雅　将红石坊打造成南红文化中心

对话大师
58　宋世义　雕刻要具文化精髓
62　侯晓锋　竖起南红艺术新旗帜
66　李仁平　国色南红堪比"三栖明星"

名家风采
2015年度最具潜力的南红玉雕师
70　陈在兵　南红缘人致力中国南红走向世界
78　赵靖玥　勇做南红探路者
86　皮　宁　玉雕就是雕刻灵魂
90　李　栋　南红的"红利"才刚刚开始
96　蒋一夫　改变命运的那抹"红"
102　杨子奇　南红更需用"心"创作
108　冯卫强　玩的就是"巧"
112　吴照龙　与南红共成长

收藏与投资
118　南红：搅动一江春水
124　南红玛瑙渐成拍卖市场"新宠"
128　南红玛瑙两次大洗牌背后的思考
134　凉山南红成收藏"潜力股"

最全面的南红门户网站

新闻、鉴别、精品

打造中国南红最大、最专业的综合平台

苏州南红网
www.sznh.net

战略合作伙伴：
苏州南红专业委员会
中国南红工作室联盟　南红爱好者俱乐部
苏州南红交易中心

手机端网站二维码　苏州南红网公众号

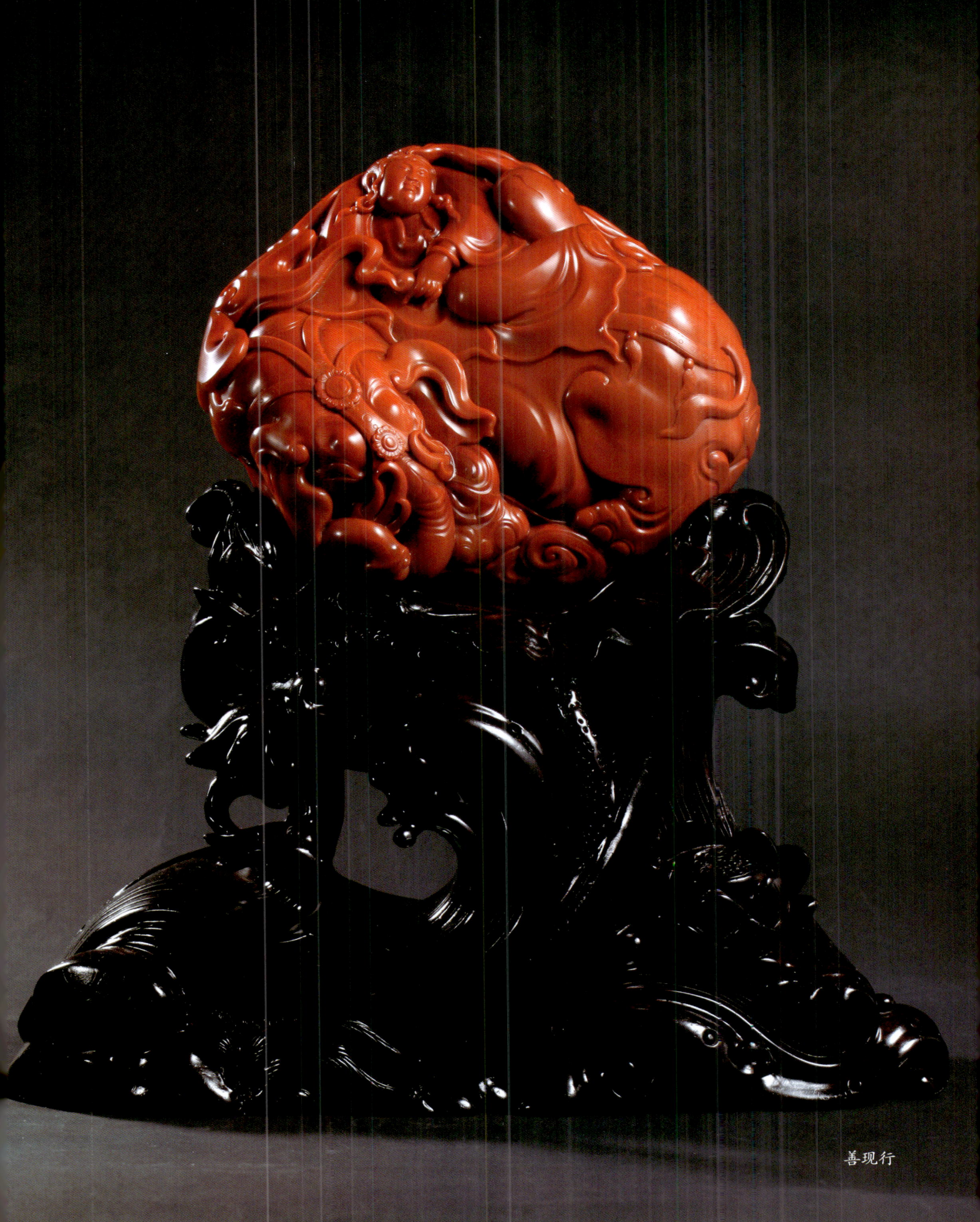

善現行

苏州皮宁玉雕工作室

玉雕就是雕刻灵魂

狐戏红尘

我本千年一赤狐，流落红尘惹世俗。
应觉相思为君痴，一入情网又难悟。

赤狐细腰媚眼漾，化作人躯，游戏人间。玉指香，锦衣罗裳红袖长，笑看红尘怎奈依旧为情所牵。少年如故容颜，可曾为女子扣动心弦？

这块把件选用材料为南红瓦西料，玉料形成的天然色差，将赤狐火红的毛色与女子白若凝脂的肌肤衬托开来。女子眼带桃花，嘴角微翘，悠然自得的眼神表现出了游戏红尘的怡然姿态。赤狐毛色纹理分明，深情灵活生动，与女子表情交相辉映，为整个把件更添一份恣意。

秋山访友

空山新雨后，天气晚来秋。
明月松间照，清泉石上流。

整件作品将天高气爽的秋景刻画得淋漓尽致，显得大气磅礴。棱角分明的山石充分体现出石头坚硬的质感，山石和楼台间一股清泉自幽深处淌下，倾泻如丝带般柔和灵动，顽强的山石与灵动的泉水之间形成了强烈的视觉对比。更是利用了南红俏色的特点，显示出秋日的层林尽染，层峦叠嶂的松林之间阁楼隐现，似是在静静等待老友来访。整件作品充分突出秋日特色层次分明，却又不相互排斥，反而形成了一个整体，一幅秋日奇景的微缩图。

联系人：皮宁
手机：137 7601 0972
地址：苏州市姑苏区竹辉路147号桂花商务楼305b
邮箱：piningyudiao@163.com

前言

迎接南红的再一次辉煌

南红玛瑙从近现代发现发掘到如今也有几年了，从一开始的小群体发展到如火如荼的市场，其自身的天然优势越来越被认可，但随着南红玛瑙市场的不断发展，问题也接踵而来。

任何一个事物想要长远地发展，都离不开众口一词的标准，但就目前来看，能够让大家众口一词的南红玛瑙标准尚需要些时日，而目前暴露出的市场混乱等问题又严重干扰着南红玛瑙的健康长远发展。

我深爱着南红玛瑙，我希望它能发展得更壮大、更久远，我更迫不及待地想为南红玛瑙发展尽一些绵薄之力。

目前的南红玛瑙市场较为散乱无序，商家们各执一词，更有许多假货鱼目混珠，加上当前高昂的南红玛瑙价格，让许多对南红玛瑙感兴趣的朋友或被"药"得遍体鳞伤，或感到迷茫而无从下手，对南红玛瑙的收藏更是望而却步。

互联网时代拉近了人与人之间的距离，但也增添了许多不确定性，而作为媒介之一的纸媒，具有客观、专业、深度、权威的特点，也能承担应有的社会责任，这也是《国色南红》创立的初衷所在。

《国色南红》的出版，意为在南红玛瑙标准创建的这段过渡时期内，通过采访南红玛瑙行业的专家、雕刻家、藏家、商家及政府相关人员等，全面剖析南红玛瑙的每一个环节，从原石到成品，从玩件到收藏，并本着客观真实的原则，竭尽全力为众多喜爱南红玛瑙的朋友们提供一个有价值的参考方向。

《国色南红》不是标准，但《国色南红》将做一个权威的、具有阅读价值的、能给喜爱南红玛瑙的朋友们提供有用参考方向的读物。

我们从2014年上半年就开始筹备《国色南红》的组稿等工作，其间荆棘不断，但这磨灭不了我们创建它的真心。稚嫩也许使得该书的出版存在些许不当之处，还请大家多多包涵，亦希望所有的业内外朋友给予更多指点、帮助和支持，诚心邀请大家共同参与进来，为我们的南红玛瑙助力，在接下来的时间里，我们将会不断完善、不断充实、不断进步。

《国色南红》的顺利出版，亦得到了很多领导的大力支持。国土资源部原副部长、中国观赏石协会会长寿嘉华女士，欣然挥毫题词"南红玉石，国色神韵"；中国收藏家协会会长罗伯健先生，拨冗赐稿"南红玉石 再创辉煌"；北京燕山出版社作为出版方，许立华社长、李满意副总编等为此做出了大量工作，在此，一并表示感谢。

雄关漫道真如铁，而今迈步从头越。

我们坚信，《国色南红》将成为一本南红行业有意义的权威读物。

丁在煜

中国南红工作室联盟揭牌仪式在苏州举行

4月11日下午，中国南红工作室联盟揭牌仪式在苏州南红交易中心隆重举行，来自全国各地的上百名研究南红的专家、雕刻家及收藏爱好者共同见证了这一重要时刻。

苏工玉雕全国闻名，这里汇集了大小数百家南红玉雕工作室，但是，受原材料及人力成本价格飞涨的影响，加上自身势单力薄、知名度不高，一些资金不充裕的工作室面临着退出市场的生存危机；鉴于此，苏州南红专业委员会决定发起成立中国南红工作室联盟行动，力求实现让玉雕工作室"抱团打天下"。

"市场的生存危机，使得南红这种高端艺术品也感受到冬天的严寒，迫使行业参与者自觉采取'抱团取暖'行动。中国南红工作室联盟的成立，意味着苏州玉雕行业从此告别了单打独斗各自为政的时代。"苏州南红专业委员会会长丁在煜认为，原料批量采购、学习培训、O2O模式将成为中国南红工作室联盟下一步的工作重点。

丁在煜指出，联盟随后将组织成员工作室进行原料的批量采购，以降低原料成本；并且，在协会的统一领导下，逐步加强对中青年玉雕师进行文化专业培训，以提高其艺术素养；而南红O2O则以"互联网+实体店"形式，采取"线上24小时精品展"+"线下实体展厅和全国南红文化艺术品巡展"线上线下的并行模式。

南红爱好者俱乐部在苏州成立

4月12日，"苏州南红爱好者俱乐部"在苏州南红交易中心四楼成功揭牌，苏州南红专委会副会长赵靖玥、副秘书长皮宁主持揭牌仪式并发布俱乐部守则。

该俱乐部为苏州南红专业委员会内设机构，旨在为各类南红玩家、藏家、商家及爱好者等提供一个交流沟通的平台。在满足个人兴趣和爱好之中增长知识、陶冶情操，保护、传承、弘扬中华民族优秀文化，激发爱国热情，增强民族自豪感和凝聚力，提高民族道德修养。

俱乐部将定期或不定期开展活动，活动包括南红知识讲座、南红原料、成品展览、爱好者互动交流、外出参观考察等。

绿松石5年升价涨30倍

绿松石是一种含水的铜铝磷酸盐类矿物，其中的铜离子、铁离子生成了绿色、蓝色等丰富多彩的色泽，水的含量对色调起着重要的影响作用。松石形成的条件非常苛刻，也非常神秘，是一个重大的学术课题。

如今，在十堰形成了大大小小的绿松石经营批发市场，在北京的潘家园、十里河、大钟寺等古玩珠宝市场也有上百家经销商，全国各大城市几乎都有经销商户，全国绿松石的从业人数，不完全统计也有数万之众。绿松石文玩配饰、雕件以克计价，极品飙升到几千元一克，5年内身价涨了30倍。

2015 或将是战国红年

战国红是战国红玛瑙的简称，红缟玛瑙的一种，多产自辽宁北票、建昌和河北宣化等地，因其红黄缟丝的材料与战国时期出土的玛瑙文物很像，而被称为战国红。

战国红玛瑙有着玛瑙细腻温润的共性，又以特殊的缠丝纹理彰显着与众不同，因为颜色鲜亮，对比明显，很适合用来进行俏色巧雕创作，通过不同色彩之间的相互配合，搭配特殊的缠丝纹理，能更好地表现出自然之美和艺术之精。在南红玛瑙原材料价格日益走高的形势下，战国红玛瑙可以作为南红雕刻的补充材料，继续发挥玉雕艺术的巨大魅力。

战国红玛瑙颜色浓艳纯正，质感充华内敛，但因为产量较低，且石皮较厚，对雕刻师的工艺要求很高，因此市场上多是原石、半原石、珠串和小雕件，很难见到大型雕刻作品。在当前红火、价格高昂的南红玛瑙、绿松等面前，优秀的战国红玛瑙雕刻石材将受到更多关注，或在2015年玉雕市场上掀起一阵新狂潮。

2015 南红价格稳定并逐步回暖

受经济等大环境的影响，2014年下半年，消费者在选购南红玛瑙作品时更加谨慎与挑剔，这使得许多工艺、材质一般的普货销售困难。为了减少货品滞留和保证年末的资金回笼，众多商家、工作室开始降低利润走量甩货，造成了2014年下半年清仓甩货的现象，以至于许多不明就里的小商家惊恐万分，疾呼："南红崩盘啦！"

但这些所谓的"甩货"，甩的都不是精品。2015年节后，四川凉山西昌南红玛瑙城依然人头攒动，购买原石的人比肩接踵。而南红玛瑙的收藏爱好者们，为了心中那抹美丽娇艳的红，只要价格合理，都会收入囊中。

从2015年节后复工的南红商家、工作室来看，许多地方的南红市场已明显回暖，南红从业者们依旧信心满满，看好2015年的南红玛瑙市场。

阿拉善玛瑙地方标准于京正式发布

3月31日，《内蒙古地方标准阿拉善玉》在北京国家会议中心正式发布，这标志着自此以后阿拉善玛瑙有了正式的规范性技术标准，该标准对以后阿拉善玛瑙的分类、技术鉴定、规模化的商业加工和市场监督都有着非常重要的指导依据，将更好地促进阿拉善玛瑙的健康持久发展。

阿拉善玛瑙，是一种戈壁的独特产物，由距今大约800万年至1亿年前火山爆发喷射出的岩浆冷却而成，经过长期的地质变迁和日晒风蚀等自然作用，形成了千奇百怪、绚丽多彩的戈壁奇石——阿拉善玛瑙。

阿拉善玛瑙的颜色丰富多彩，其结构也非常多样，从微晶硅质到玉髓形成不同的透明度，非常美妙。

南红玉石再续辉煌

罗伯健

2014年5月24日，主题为"弘扬南红文化，规范投资收藏"的"2014中国南红文化研讨会"在北京十里河红石坊顺利召开。该研讨会邀请业界权威专家、学者，共同探讨、挖掘南红的历史文化，剖析其收藏价值，解读其投资潜力，为南红产业的可持续发展出谋划策。

作为主讲嘉宾，中国收藏家协会罗伯健会长的观点高屋建瓴："文化是民族的血脉。收藏作为文化的一个分支，具有广泛的群众基础，是社会主义文化不可或缺的重要组成部分。民间收藏文化的繁荣与发展，与中国文化强国梦息息相关。"

针对近几年，以南红为代表的收藏投资新宠，丰富了收藏市场，取得飞速发展的同时，也伴随着"一夜暴富""炒作"等质疑声的现象，罗会长明确指出：在文化强国战略的感召下，民间收藏组织、专家、藏家等都应当有所担当。

随后，以丁在煜为会长的苏州市玉石文化行业协会南红专业委员会，筹备编写出版南红投资收藏的权威平台——《国色南红》；面对稿约，罗会长在欣然撰稿之余，并提出"南红玉石再续辉煌"的期望。

伏虎罗汉

在中国玉石收藏历史上，南红曾经"风骚独领"。

这个被称为"赤玉"的红色玛瑙，其红色极大地满足了人们对生命原色的崇拜，成为财富和地位的象征，表达吉祥如意、鸿运当头的愿景。

1668年，清朝著名学人高兆在《观石录》中，用"心目既荡，嗜好为移"来形容陶醉于美石之中，其他嗜好都为之转移的状态。

相信很多南红收藏、爱好者都能深刻地体会到这种状态，我也不例外。所谓"南红"，皆因其颜色红艳，出自西南深山，此物艳而不妖，润而不泄，可谓石之君子也。

收藏是历史的产物，是时代的需要，更是文化的传承，南红玛瑙正是以其独特的"中国红"述说着千年的文明。

自西周时期，玉组佩除了玉璜、牌形饰等主体佩饰外，串联其间的珠、管就以红色玛瑙为首选。苏州博物馆的"玉珠襦"出土于浒墅关真山东周贵族大墓，其主要材质即为红色玛瑙管、水晶珠和绿松石珠。

到清乾隆时期，南红玛瑙更是达到鼎盛期，北京故宫博物院馆藏的清代南红玛瑙凤首杯就是国家一级文物，但在那时，南红玛瑙也因为过度开采导致资源枯竭而退出历史舞台。

是金子总会发光的。近几年，南红玛瑙强势回归，备受追捧也皆因其独特的魅力和厚重的文化，但同时，也需要收藏投资者更加理性与专业。

南红原石的赌性很大，不比翡翠赌料风险低。有些外表看上去非常完整的材料，去掉外皮后往往发现伤裂非常多，根本无法使用。即便买到好料，委托加工过程中还存在变数和风险，因此，收藏南红原石需要更丰富的专业知识以及长期的切料经验。

对于南红成品玉雕而言，业内评价有三个原则：一是玉石材料要得到完善利用，二是雕刻技能精湛，三是巧妙传达艺术神韵。名家制作的玉雕作品，又因手工制作周期长，数量有限，且艺术价值突出而具有更高的收藏投资价值。

据我所知，目前南红玉雕市场中，品牌效应已经显现，特别是苏州南红雕刻，为南红的发展做出了实验性和开创性的贡献。一大批雕刻大师，用敏锐的艺术感知力和超前创新意识，各显身手，创作出不少精品，将南红推进了艺术的殿堂。

更加令人欣喜的是，不少有理想、有远见的南红从业者、收藏爱好者，自发成立了南红专业委员会。通过协会，有组织、有规划地抱团发展，走出了一条健康的可持续发展之路。

南红专业委员会的会长丁在煜曾跟我有过深入交流，他认为现在南红行业还"很年轻"，甚至玉石雕刻工艺师、原料经销商、藏家都很年轻。在我看来，年轻的市场会有更多的创新与体验，但也需要更好的规范。

只要逐步建立相关行业标准，注重文化普及与学术传播，为喜爱南红玛瑙的从业者、投资者和收藏者搭建一个健康向上的交流平台，南红定能一路长红。

最后，希望南红玉石能够再续辉煌。

罗伯健
甲午夏於北京

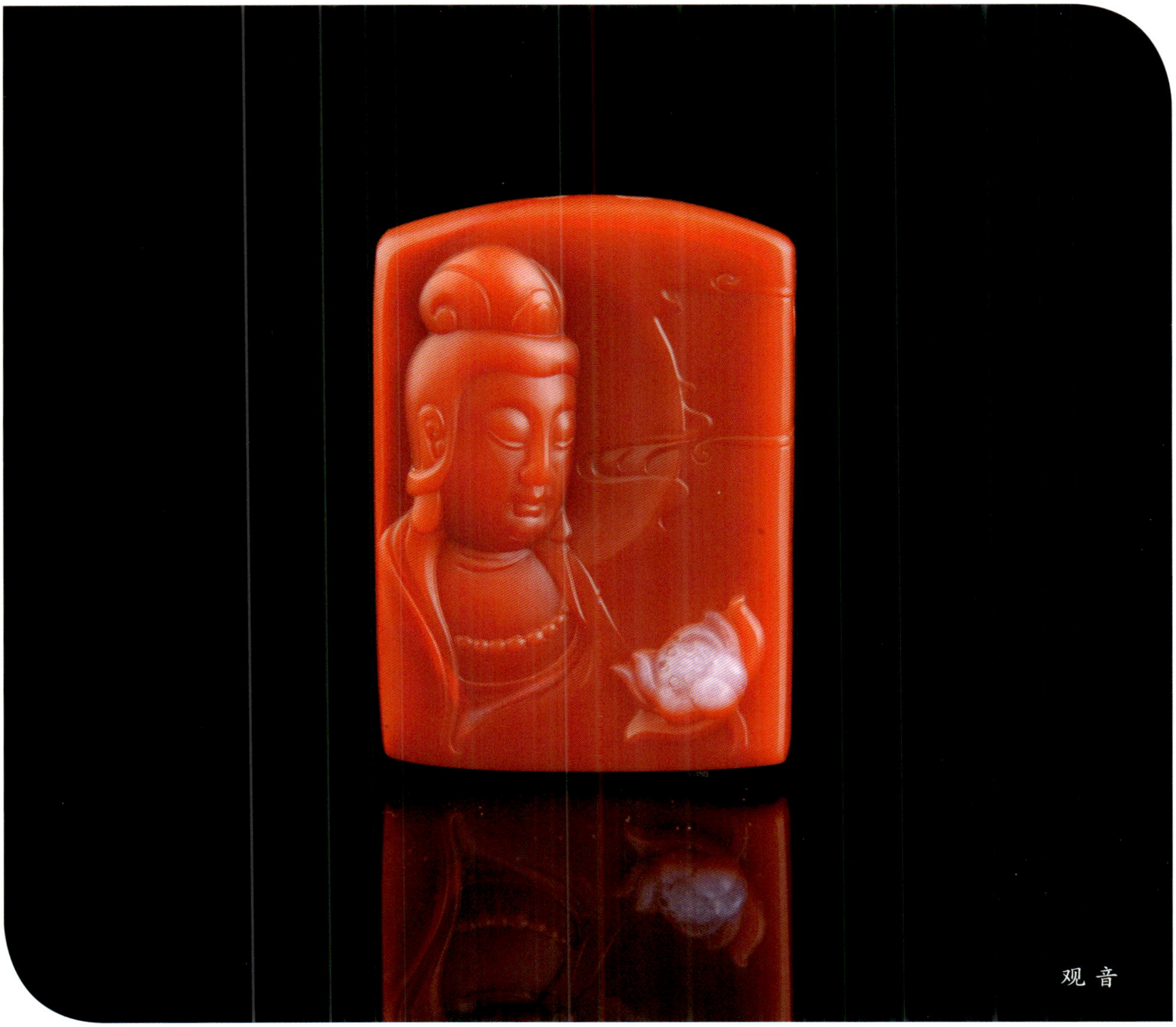

独家聚焦

观音

Tips

罗伯健，1951年9月生，籍贯广西，研究生学历，现任中国收藏家协会会长，曾任中国历史博物馆副主任、国家文物局处长、副司长、国际友谊博物馆馆长、中国文物交流中心主任、国家文物局机关服务中心主任等职。

1997年以前主要业务工作为历史文物展览的策划、陈列内容大纲及方案编撰、文物展品和辅助展品的选定、布撤展等，同时从事先秦史研究，1997年以后主要从事博物馆管理工作。在国际友谊博物馆期间，平均每年组织举办8~10个展览。

罗伯健多年来一直从事着与文物相关的工作，在与文物相伴的岁月中，设计博物馆陈列方案，将文物艺术品最光鲜的一面展示给观众既是他的工作，又是他的爱好。

2011年5月，在中国收藏家协会换届选举中，罗伯健当选为该协会新一届会长。

出版专著：《青铜器鉴赏与收藏》《玺印鉴赏与收藏》《中国古代饮食》等。

叶遂群

独家聚焦

叶遂群
因南红更出彩

田燕

1974年生于河南镇平，中国玉石高级雕刻师，江苏省珠宝玉石行业协会常务理事、江苏省玉石雕刻大师、河南省珠宝商会副会长、苏州玉石文化行业协会常务理事、南红专委会副会长、浙江省玉文化研究会会员、苏州首届玉雕新秀。

从师经历：

1992年拜镇平老艺人张丛三为师，学习基本功，2000年拜中国玉石雕刻大师侯晓锋为师，学习人物件雕刻、产品设计，2012年创建叶遂群工作室。

全家福

（材质：南红、绿松、碧玉、水晶、玉髓等）

叶遂群话不多，朋友们对他的评价也多是"老实""实在"，但他的作品却是张扬的，特别是在色彩表现上，非常大胆、丰富。当他把以南红为主的，不同色彩、材质的玉雕组成一件吉祥寓意的作品时，所有人的目光都被其吸引。

"可以说，我抓住了这次南红兴起的机遇。"叶遂群恳切地说，"南红独特的质感、丰富的颜色，成就了我的创作，更开启了我的事业。"

以"大"见长

1992年，叶遂群拜镇平老艺人张从三为师学习玉雕基本功，那时，一天基本上除了吃饭睡觉，他都在练习，技艺日渐成熟。

但叶遂群并不满足于做一个没有灵魂的工匠。2000年，他拜中国玉石雕刻大师侯晓锋为师，学习人物件雕刻、产品设计。

经过10多年的打磨，叶遂群的作品神韵俱现，在设计上也颇有想法，但仿佛总是少了一点什么。2011年，当南红出现在他生命中时，仿佛催化剂一般，开启了新的创作历程。

那年，一个深圳客户带着一件600多克的南红大料，找到侯晓锋工作室，希望侯晓锋来设计雕刻，但终因价格问题没有谈拢。后来，有朋友向这位客户推荐叶遂群，抱着半信半疑的态度，客户将作品交给了他。

"这是一件瓦西料，质地相当不错，更难得的是体量大。"叶遂群说，当时心里压力也很大，这件作品的成败关键就在设计了。

正当叶遂群冥思苦想之际，电视上的一则广告，让他灵光乍现，"广告中，一滴墨汁演变成长城、故宫，把中国传统文化的精髓一一展现，很有意境。"随即一个完整的构思浮现在他的脑海里。

作品正面是一山中佛，旁边有一香炉，青烟袅袅升起，背面则是从火苗中演化出来的佛像。"菩提本无树，明镜亦非台，本来无一物，何处惹尘埃。"世间物是物，物非物，有很多变数，就像墨汁可以幻化成故宫，火苗幻化出佛像，更有袅袅青烟的无形无像，终极目的都旨在修心和意境。

这件作品最终达到389克，被称为"天下第一佛"。拿到作品，客户喜出望外，之后更带到重庆去参展。在展会上，有人当场出价160万想买走，但最终那位深圳客户还是没舍得卖。

独家聚焦

佛在我心
（材质：墨玉、碧玉、俄料、帝王黄、蓝玉髓）

有了这次的成功经验,叶遂群似乎找到了自己的发展方向,主攻南红大件雕刻。"做大件难度主要就在处理裂。"叶遂群表示,去裂后,往往形状就会发生变化,所以南红在雕刻设计时,存在很多变数,需要在不同的阶段细心推敲,把握雕刻的层次和结构。

因"色"出彩

在南红大件雕刻小有名气后,叶遂群开始谋划自立门户,2012年,他创立了叶遂群工作室,主攻南红、白玉等设计、雕刻、加工。

经营一段时间后,叶遂群发现问题了。自己主要雕刻大件的南红作品,但南红因原料所限,难得有大体量的材料,为了不受局限,他决定发掘新的艺术特色。

随着南红的火爆,各种南红材料陆续出现在苏州市场上。这时,叶遂群被一种冰红料所吸引。"这种材料,质感水润、通透,像翡翠的感觉。颜色冰白,有飘红,非常漂亮。"他说,"当时,大多数人对这种材料并不感冒。"

看着不同质感和颜色的南红,叶遂群冒出了一个大胆的想法:能否用不同质感、颜色的材质雕刻成不同的小件,再组合成一件作品。叶遂群是个实干派,有了想法就立即去实施。

叶遂群做了一黑一红两只仿古螭龙樽,红樽为漂亮的南红柿子红,黑樽为极其罕见的黑色南红玛瑙。这红与黑的视觉冲击,一下让人耳目一新,一举获得2012年"神工奖"银奖。获得认

普度众生(正)

普度众生(反)

(材质:南红 尺寸:135mm×130mm×60mm 重量:1312g)

2014年"普度众生"获中国玉石雕刻"陆子冈杯"(苏州)——金奖

独家聚焦

龙马精神（正）

龙马精神（反）

（材质：南红 尺寸：95mm×55mm×125mm 重量：1036g）

南红肉质细腻，色泽雅艳。作者以独特的思考和精湛的技艺对传统题材的抽象概念以具象的方式传与观者。龙腾致雨，马跃千里。强烈的动感给人以震撼和遐想。自强不息、开拓进取的象征意义，是对"中国梦"的描摹体现，凸显时代主题。

福在眼前（1）

（材质：绿松 尺寸：55mm×37mm×10mm 重量：34g）

福在眼前（2）

（材质：绿松 尺寸：65mm×35mm×10mm 重量：41g）

可后，他更一发不可收拾，创作出了"和气生财"。

这件作品中，有不同颜色的南红，有冰白料的南红，有墨玉、有碧玉等多种不同颜色、材质的小件，被雕刻成佛、财神、小狗、元宝等生动活泼的形象。中国宝玉石首饰行业协会副会长、河南省镇平县宝玉石协会会长李杰就曾评价其作品：视觉冲击力很强，非常抓人。

叶遂群表示，这种方式能激发出源源不断的创新，就像排列组合一样，不同的组合、不同的题材就会碰撞出新的火花。

如今，每到夜深人静的时候，叶遂群都会创作思考。未来，他希望花更多的时间，去提高自己的技艺和文化内涵，老老实实做人，踏踏实实做事，稳健地走好每一步。

弥勒佛（正）

弥勒佛（反）

福满人间

（材质：印尼帝王黄

尺寸：118mm×57mm×50mm　重量：453g）

平步青云

（材质：印尼帝王黄

尺寸：120mm×60mm×38mm　重量：351.4g）

观音　　　　　　　　释迦　　　　　　　　佛
（南红 2014）　　　（南红黑玛瑙 2014）　　（南红 2014）

叶遂群所获奖项

2012年"扳指"获中国玉石雕刻"神工奖"（上海）银奖
2012年"螭龙樽"获中国玉石雕刻"神工奖"（上海）银奖
2012年"扳指"获中国玉（石）器雕刻"百花奖"（北京）金奖
2012年"老子传道"获中国玉（石）器雕刻"百花奖"（北京）优秀奖
2012年"爵杯"获中国工艺美术"百花奖"（莆田）银奖
2012年"观音"获第四届中国上海玉石雕刻"玉龙杯"铜奖
2012年"观音"获中国玉石雕刻"陆子冈杯"（苏州）金奖
2012年"守福"获"玉缘杯"中国玉石雕刻（扬州）铜奖
2013年"独占鳌头"获"三缘杯"中国玉石雕刻（扬州）银奖
2013年"福在眼前"获中国玉（石）器雕刻"百花奖"（北京）银奖
2013年"独占鳌头"获中国玉（石）器雕刻"百花奖"（北京）优秀奖
2013年"全家福"获中国玉石雕刻"神工奖"（上海）金奖
2013年"龙凤对杯"获中国工艺美术"百花奖"（莆田）金奖
2013年"和气生财"获中国玉石雕刻"陆子冈杯"（苏州）金奖
2014年"全家福"获中国工艺美术"百花奖"（莆田）金奖
2014年"才貌双全"获重庆"九龙杯"银奖
2014年"财福人生"获重庆"九龙杯"银奖
2014年"福如东海"获"百花·玉缘杯"中国玉石雕精品奖（扬州）金奖
2014年"龙凤对牌"获中国玉石雕刻作品"玉星奖"优秀奖
2014年"福满人间"获中国玉石雕刻"神工奖"（上海）银奖
2014年"福禄寿"获中国玉石雕刻"神工奖"（上海）银奖
2014年"福满人间"获中国玉石雕刻"陆子冈杯"（苏州）金奖
2014年"福禄寿"获中国玉石雕刻"陆子冈杯"（苏州）金奖
2014年"普度众生"获中国玉石雕刻"陆子冈杯"（苏州）金奖
2015年"平步青云"获中国工艺美术"百花奖"（莆田）金奖
2015中央电视台授予叶遂群第七届"公益中国慈善艺术家"荣誉称号

南红
穿越千古的"红色诱惑"

牛军

地球上，
天然的红色玉石本就不多，
符合中国人审美观念的更少，
而南红玛瑙恰恰是这样的天地灵物。

南红玛瑙古称赤玉，
生于深山大泽，颜色瑰丽，
"体如凝脂，精华内敛，质厚温润，肌理坚密。"
如果没有南红玛瑙的存在，
相信世人眼中的中国红就没有那么温润端庄。

瑞兽

福寿如意

很久以前，南红玛瑙就与翡翠中的帝王绿、和田玉中的羊脂玉齐名，被视为玉中极品。然而，在五彩缤纷的中原玉石文化历史长河当中，由于种种原因，很长一段时间，南红及其制品的地位实际上并不很高，南红的收藏甚至经历了其他珍宝绝然没有的价值重新发现的曲折过程。

悟

以往，在古玩市场上，传统的南红价格与帝王绿、羊脂玉简直没法比，廉价得可怜。玉石玩家都知道，"无裂非保山"，意指传统的保山南红多绺裂，制成品多为珠子等小器物。而这样的小器件，工艺简单，近乎原生态，升值空间有限，自然很难进入玩家眼中。

6年前，凉山南红的发现，打破了这一贵贱分明的格局。凉山玛瑙是火山岩类，红色均匀，韧性更佳，体量大块的籽料也不鲜见，可以做出更细腻的工艺，创造出更大气的作品，这是历史上任何其他产地南红都没有的优势。问世不久，凉山玛瑙即"染红"大江南北，从最初的珠子、坠子到如今的雕件，凉山南红价格不断飙升，在收藏界越来越显山露水。

"绮席卷龙须，香杯浮玛瑙。"在藏家眼中，南红的魅力不只是天然的"红色诱惑"，更在于雕刻背后的艺术价值。南红雕件多出自名家，制作周期很长，雕工精湛，笔力传神，数量有限，升值潜力巨大。玉不琢，不成器。良材美质还需鬼斧神工，才能成为人间珍品，这是南红玛瑙的蜕变带给我们的最大启示。

产于西南，短暂回归

南红玛瑙，本是玛瑙中的异类。它是玛瑙家族最昂贵的成员，但由于它出产于古代西南蛮荒之地，在中国中原地区漫长的主流文化历史当中，南红玛瑙长期处于缺位的状态。

玛瑙实际就是二氧化硅的结晶体，成分与玻璃并无区别。由于自然形成玛瑙的地质条件千差万别，玛瑙也呈现出多种多样的形态和色彩，而由于中国人尚红色，又尤以红玛瑙最为人所喜爱。

可是，在传统玉石行业当中，南红玛瑙并无一席之地，红色玛瑙只分为两种：西红玛瑙和东红玛瑙。西红玛瑙即中国新疆地区的天然红玛瑙，开采历史悠久，中国历代均有大量使用；东红玛瑙即中国明清时期用日本流传来的高温加热法制成的人工红玛瑙，又称"烧红玛瑙"，价格低廉。

五彩缤纷的中原玉石文化历史长河当中，南红玛瑙出现的非常晚，登场机会也非常少。然而实际上，南红玛瑙的历史与其他玛瑙同样悠久，只是因为它长期僻处西南一隅且产量稀少，这才"养在深闺人未识"，一直未能进入主流文化。近年来，随着新矿的发现，南红玛瑙正强势入侵收藏市场，上演着"王者归来"的好戏。

历史，断绝与延续

在距今3000年的四川，中国最为灿烂的青铜文明之一——古金沙国，能工巧匠沿用了三星堆先民使用贝币的传统，制造出了迄今为止发现最早的一件南红玛瑙制品——南红贝币。然而，随着战国末期古蜀国的神秘消亡，南红玛瑙的使用历史也宣告终结。

500年后，地处云南边陲、由楚国后人开创的古滇国慢慢兴起。在古滇国的最高统治者、第一代滇王庄蹻之孙（其名已佚）的眼中，南红玛瑙的色彩艳丽而珍贵。他要求匠人用南红玛瑙雕刻甲虫、牛头以及各种各样的长素管，有的甚至采用来

弥勒佛、观音对牌

蛙鸣

自古印度河谷的蚀花技术，再将这些宝珠缀在衣服上。东汉时，古滇国因汉文化的侵入而最终消亡，南红玛瑙的传承再次断绝。

迟至明代，南红玛瑙才在中原文化当中首次出现。徐霞客在《徐霞客游记》中记载，当时云南一个叫玛瑙山的地方："上多危崖，藤树倒罨，凿崖迸石，则玛瑙嵌其中焉。其色月白有红……其晶莹紧致，异于常蔓，此玛瑙之上品，不可猝遇。"徐霞客遇到的"玛瑙山"，经考证就是中国两大老坑南红玛瑙产地之一的云南保山，遗憾的是，徐霞客的记载并没有让南红玛瑙进入中原。

南红玛瑙大举进入中原已是清朝，最早的传入路径却是通过西藏，至少在明朝以前，西藏就已经有用南红玛瑙制作珠串的传统，以代替日益昂贵稀少的深海红珊瑚。清朝是满族朝廷，满族和蒙古族关系又很密切，蒙古族和藏族则有着长久的历史渊源。就这么七拐八绕、曲曲折折，南红玛瑙终于进入了中原贵族的视野，并且从此一发不可收拾，成为了清代王公贵族朝珠的"标配"。南红玛瑙朝珠之尊贵，只有皇族才可佩戴，一般官员根本不敢使用，这也让整个社会对南红玛瑙趋之若鹜。

可是南红玛瑙的产量实在过于稀少，清朝对于南红玛瑙的需求非常旺盛，制作玉石制品的工艺又极为精湛，用料极费，这就让云南保山老坑几乎被迅速挖空，在清晚期"绝矿"（实际上没有绝矿）。就像它的突然出现、迅速走红一样，南红玛瑙一夜之间又退出了历史舞台。

真正的珍宝不会埋没太久。2009年，在四川凉山州发现上品红玛瑙矿，"南红玛瑙"再次"入主中原"，并且以旋风般的速度席卷今天的收藏市场。

南红玛瑙，王者归来

南红玛瑙是隐晶质的二氧化硅，摩氏硬度7度，半透明，玻璃光泽。南红玛瑙是多晶体，韧性较好，有利于雕刻。新发现的凉山南红，红色大多均匀一致，可塑性很强。其颜色艳丽，润泽度浑厚度佳，完整度好，这点是历史上任何其他产地南红都不具备的优势。

南红玛瑙那种夺人眼球、厚重沉稳的端庄红色与"体如凝脂，精华内敛，质厚温润，肌理坚密"的美玉特征有机地融为一体，浑然天成，巧夺天工，是大自然绝妙的创造，也是苍天惊艳之笔。

目前可见的传世物品多为珠子以及少量的挂件和非常罕见的摆件，完全可以说，南红玛瑙的资源比和田玉少得多。清中期南红的原材料更加稀缺，能够做收藏级制品的原料更是非常罕见。清乾隆年间是中国近代玉雕的鼎盛时期，工匠对雕刻工艺、

南红视界

喜临门

玉石材料的选择标准都非常高，收藏级的南红作品无法继续制作，传世的收藏级作品也就逐渐从历史的视线中消失了。

应该说，南红玛瑙在人类玉石应用历史上一直就非常稀缺，这在历代传世的文物数量上就可以看出端倪——除了南红玛瑙珠串之外，仅有"清乾隆红玛瑙红白鱼花插"和"清乾隆红玛瑙凤首杯"两件国宝级藏品传世。

乾隆时期对雕刻工艺、玉石材料的选择标准都非常高，当时大量绺裂的保山南红使收藏级的南红作品无法继续制作，传世的收藏级作品也就逐渐从历史视线中消失了，以至于大家认为南红在清乾隆时绝矿。其实，保山矿一直出产南红矿料，只不过材料的绺裂瑕疵过多，无法应用于玉石加工，直到现代工艺将真空注胶应用在南红加工上。经过真空注胶处理的南红材料整体性很好，可以进行任何造型的器物加工。但是，由于进行过人工处理，它就不再是单纯的天然宝玉石，收藏性也就大大降低。所以，这段时期虽然有较大南红作品出现，但没能引起收藏界的重视和认可，直到完整度好的凉山南红、金沙江南红出现才改变了这一现状，南红才真正得以回归。

南红玛瑙的这次回归，绝对是无与伦比的"王者归来"。2005年，南红老珠的价格是几十到上百元一颗，如今成色上乘、品相完好的南红老珠已经可以卖到上万元一颗。高端的原石市场价格达到几万元一斤，经过名家之手雕琢的作品，其价格更是令人咋舌。南红玛瑙现在已经被称为玛瑙中的"钻石"，真正的玛瑙之王。

收藏中国的血脉之红

红色，是中国人血脉最深处的颜色。在中国人眼中，代表吉祥的红色已经不只是一种颜色，而是一种象征、一种精神，甚至是一种超自然的力量。在中国人眼中，红色代表着平安、幸福。

在自然界中，天然的红色宝石并不多见，而符合中国人审美观念的红色宝石更是稀有。红宝石匀净剔透，但那种玲珑的玻璃质感不符合中国人追求神秘、温润的审美观念；而红珊瑚作为一种"个性"太强的有机宝石，它的造型、使用和保养均受到诸多限制，可雕塑性更是几乎为零。

有一种红色宝石，它的红色层次多变、神秘莫测；它的质地细腻如脂、温润如玉。它珍贵、稀有、坚硬、可塑性强，它只出产于中国——南红玛瑙，可谓是专为中国而生的宝石。如果说翡翠玻璃种帝王绿、和田羊脂玉是玉中极品，那么南红玛瑙，则是在地位和价值上均与它们不相上下的宝玉石品种。

孔雀胸坠

达摩渡江

这样既珍贵又为中国文化所欣赏的宝石，收藏要点有些什么呢？

南红玛瑙的品质密码

南红玛瑙的价值高低，可以用5个关键字来衡量：红、糯、细、润、匀。归纳起来，这5个字就是颜色、质地、雕工以及重量。

先是颜色，南红之所以珍贵，关键在于其天然形成的红色。关于南红的红，有着非常多的分类，既有耳熟能详的"柿子红""南瓜红"，又有近代新坑口出现的红色纯正的锦红色。到底什么样才是真的好红色呢？

南红玛瑙的红分为锦红、玫瑰红、朱砂红、红白料、缟红、纯白等，结合各种红色在南红原矿中出现的比例，一般来说，在质地相同或相近的情况下，以正红的锦红最为珍贵，沉稳的玫瑰红也是佼佼者。即便都是同类红色，也要看红的程度和纯度。红色如发闷或带有黑色、灰色等杂色，都会影响南红的价值；红的不滋润，俗称"干红"，也同样影响其价值。

关于质地，好的南红玛瑙是温润细腻，南红玛瑙有一种特殊的胶感和厚重感，是一种玉的质感。质地的好坏是评定南红的重要指标，如陈性《玉记》所述："体如凝脂，精光内敛，质厚温润，脉理坚密。"一块好的南红，看上去很舒服、柔和，给人以滋润感。

关于雕工，如果没有工艺师鬼斧神工般的精心雕刻，一块玉石很难体现出其真正价值。雕刻工艺作为评价南红器件的核心指标之一，其重要性有时要超过颜色。南红玛瑙坚硬细腻不"吃刀"，南红玛瑙雕刻者都认为，南红的雕刻和其他玛瑙制作很不相同，却和白玉接近。在处理时，雕刻者认为料性好、细腻并具有一定韧性的南红料，能够在南红雕刻中施展出非常细腻的工艺，成品表现力也极强，正是如此，南红玛瑙的雕工要求就更高了。

关于体量，收藏级南红肯定需要具备一定的体量。在其他

南红视界

观音 弥勒

> 关于体量，收藏级南红肯定需要具备一定的体量。在其他指标都一样的情况下，体量越大、形状越好，而裂纹多的石头，再大也是不值钱的。

指标都一样的情况下，体量越大、形状越好，价格越高。此外，料的完整度也是重要指标，南红玛瑙非常容易产生绺裂，而裂纹多的石头，再大也是不值钱的。

收藏南红，看料更要看工

由于古代的南红玛瑙几乎没有大而完整的石料，雕刻级的南红几乎都是最近发现的四川凉山矿出产的，所以在南红玛瑙收藏界，第一要看料好不好，第二要看雕工好不好。至于年代是否久远，对于价值的影响反而不大。

南红玛瑙老件传世品基本以珠子为主，这类物品有一定的价值，但是艺术价值不高。受以往南红材料的完整性影响，流传下来的南红玛瑙成器物件不多，而且都珍藏在大型博物馆里，这使收藏精品级南红老物件几无可能。在南红玛瑙新品的收藏中，高级别的南红玛瑙藏品一定要具有一定的完整性，充满伤裂的南红器物，价格也不会高。

随着近年四川凉山南红矿的发掘、大量优质南红玛瑙原石出产，南红玛瑙的品质达到了历史上前所未有的新高度，这就让新品南红玛瑙的工艺性显得十分重要。市场上大多数新品南红工艺性不佳，且以仿老工艺为主。南红玛瑙收藏一定要重视艺术性，名家力作才更具收藏和投资价值。

南红辨伪

在中国宝玉石界，真品和赝品的斗争几千年来便从未停止。南红玛瑙当然也不例外，而且由于造假容易、分辨困难、成本低而收益高，赝品南红玛瑙在市场上随处可见。不同的赝品有着不同的分辨方法，只有擦亮眼睛、去伪存真，才可以收藏到真正的南红玛瑙。

第一，烧色红玛瑙。最容易识别也是最常见的以次充好

的赝品是烧色红玛瑙，也就是收藏领域的东红玛瑙。颜色上，烧色的红总体来说不太自然，红有浮于表面的感觉。从质感上，由于烧色红玛瑙是利用浅色玛瑙来加工，这类玛瑙没有南红玛瑙独有的胶感，即油脂感，通常通透度较高、玻璃感强，和温润细腻的南红有着本质不同。然后是料脆，东红玛瑙容易出现类似玻璃的崩口；另外，东红玛瑙的色闷，俗称"死色"，缺乏清亮感觉，无法达到真正纯正艳丽的红色。东红玛瑙从感官上和南红玛瑙有明显区别，只要稍加注意就能避免上当。

第二，人工染色玛瑙。在烧红玛瑙之外，也有用化学处理使普通玛瑙变为红色。人工染色在玛瑙优化处理上历史悠久，染色玛瑙在高倍放大镜下观察，能看到红颜色沿晶体间空隙渗透的网状颜色分布，玻璃感较强，没有南红玛瑙特有的油脂感。这种质地的区别，让分辨人工染色玛瑙也较为容易。

第三，人工注胶南红玛瑙。南红玛瑙的裂缝和瑕疵非常多，无瑕的南红极为少见，所以有人用注胶的方式将质量差的南红"升级"成优质南红。注过胶的原石较易识别，在外层有一层透明包裹体，间有细小气泡存在；雕刻后的注胶南红肉眼较难识别，只有仔细观察才会发现在内部有细如丝线的透明线纹，这种透明线状纹和南红中的天然纹理有所不同，需要一定鉴定经验。

第四，红碧石。红碧石是成分中含有黏土矿物和氧化铁等矿物杂质的玉髓，也有鸡肝石、羊肝石等叫法。四川凉山南红玛瑙产地同时出产大量的红碧石，其中一类火山红碧石外观皮壳和凉山南红几乎完全一致，从外表基本无法正确判断识别。不过，红碧石的断面颗粒感强、光泽度差，无油脂感；日光下红碧石不透光，即使在专用强光手电下，该石种也几乎不透光，这些都是分辨红碧石的要点。

十年涨百倍，红色的"疯狂石头"

南红玛瑙是中国宝玉石收藏市场上"大起大落"的一种。早在20年前，南红玛瑙的价格非常便宜，直到最近五六年间，南红玛瑙才受到"公平待遇"，价格随着收藏市场的火热和新矿的开发而急速飙升，一些极品的老南红料价格更是从几万到几十万不等，成为收藏界的新宠。不过，相对于和田玉与翡翠动辄成百上千万的价格，南红还是比较便宜，其价格还有进一步上升的空间，不失为投资收藏的好玉种之一。

价高后市更看涨

近年来，南红玛瑙在珠宝玉石市场上身价倍增，它之所以珍贵，不仅在于产量稀少，关键是其天然形成的红色鲜艳夺目，再加上其质地温润软糯、近似于玉，非常符合国人的审美观念，所以南红逐渐成为人们关注的焦点，已然跻身玉石新贵。不少新晋藏家看好南红的市场，这也进一步刺激着南红价格的高速上涨。

相关数据表明，南红的价格在最近10年已累计升值百倍。老南红玛瑙主要做成珠子，5年前一颗不过百元左右，现在的身价已涨到数千元一颗，而一颗质地、品相较好的老南红珠，价格已超过1万元。普通的成品南红玛瑙器物，市价从几千元到几万元一件不等，而名家雕琢创作的，则需要几万到几十万元。在上海举行的一场玉雕拍卖会上，一件南红玛瑙雕貔貅挂件落槌价高达2万元。在某宝玉石市场上，一尊雕工尚好的南红玛瑙弥勒佛，重量不过20克，售价却高达10万元。

南红玛瑙产业链上游，价格上涨更快。据了解，10年前，南红原材料每斤的价格是十几元，现在已经达到上万元，价格上涨了近千倍。而新南红玛瑙料，几年前不过几百元一斤，如今高端材料每斤达到数万元甚至更高。原料价格的上涨速度飞快，说明南红玛瑙的后市行情依然看涨。

送子观音

海豚浪花胸坠

南红玛瑙收藏市场新趋势

由于很多独有特点，南红玛瑙的收藏市场发展也显现出与其他玉石收藏品类不尽相同的趋势。

第一个趋势是投资南红玛瑙原石的很少，基本上大多都是投资成品器物的。这是因为南红原石的赌性很大，有些外表看上去非常完整的材料，去掉外皮后往往发现伤裂非常多，根本无法使用。收藏南红原石需要更丰富的专业知识以及长期的切料经验，某些方面来说，南红赌料不比翡翠赌料风险低。即便买到好料，委托加工过程中还存在变数和风险，这些巨大的风险互相叠加，让收藏者对南红原石避而远之，转向成品收藏。

第二个趋势是新品南红价格日益高涨。老南红传世甚少，市场流通以南红玛瑙珠为主，艺术性相对较低，投资价值也达到了瓶颈。成器的老南红作品基本收藏于国家级大型博物馆中，普通爱好者无从涉及。随着四川凉山矿的发现，新南红陆续有完整的大块材料出现，使创作收藏级南红藏品成为可能，优秀南红器物作品也得到追捧，使得新南红的市场热度超过老南红。

第三个趋势是当代名家创作成为投资热点。对于玉雕，业内评价有三个原则：一是玉石材料要得到充分利用，二是雕刻

思 乡

洞房花烛

技能精湛，三是巧妙传达艺术神韵。名家制作的玉雕作品具有很好的收藏价值，概因手工制作周期很长，每位大师的作品数量有限，且具有很高的艺术价值。目前玉器市场中，品牌效应已经显现，名家、名牌、名品玉器等因素对玉器价值的提升作用越来越大。当前，一块锦红南红随形牌，如是名家精工作品，价格都在20万元左右，有些甚至达到30万元以上。

未来到底如何？

虽然在短期内，南红玛瑙达到了一个空前的价格高度，并且在可预期的后市都将拥有一个不菲的上涨行情，但毕竟对于一个市场的新晋热点，质疑和摇摆是不会缺少的。那么，到底南红玛瑙行情为何会如此快速地上涨？从长远看来，它又将拥有怎样的价格变化呢？投资者到底能否选择长期投资收藏南红玛瑙呢？

说到南红玛瑙爆红的原因，首推收藏市场流动性的快速泛滥。流通速度上升，造就了收藏品的繁荣，也印证了"乱世黄金，盛世收藏"的古语。目前的股市和基金不太能满足现在投资的多元化，财富投资增值性的需求更加强烈，南红玛瑙作为收藏品具有特殊增值属性，近几年的投资收益均在50%~200%左右，是很好的投资理财的项目。

南红玛瑙的价格上涨如此之快，似乎已经超出了理性范围之外，其实这也是南红所独有的情况。目前，南红的真实储量还远未真正探明，如果仅仅只是凉山地区出产，那么可以想象，就算是凉山遍地南红，南红的储量也不会太多，并且将很快枯竭，这一点决定了南红价格会长期上涨，毕竟南红是越来越少的。

假如真正长期持有南红玛瑙，需要面对的风险有二：第一，目前大家对于南红的认识还不太深入也不够理性，随着市场对南红玛瑙的认知趋于稳定，南红玛瑙市场的泡沫面临被挤压的局面，可能出现价格震荡；第二，目前南红产地有云南保山、甘肃迭部的老坑和四川凉山的新矿，如果有其他南红玛瑙矿被发现，也将对南红市场价格造成极大冲击。而这个风险虽然缥缈，但也确实存在，投资者不能不加以关注。

附

关于南红的颜色

锦 红：
　　锦红最为珍贵，颜色以正红、大红色为主体，其中也包含大家所熟知的柿子红。

玫瑰红：
　　颜色相对锦红偏紫，整体为紫红色，在凉山南红矿中有一定量的出现。

朱砂红：
　　红色主体可以明显看见由朱砂点聚集而成，也有的呈现出近似火焰的纹理。

红白料：
　　红色与白色相伴生，其中红白分明者罕见，可做巧雕。

缟红料：
　　是有着以红色系为主体的缤纷纹理的南红材料，因其纹理类似红缟纹理故被玩家们称为缟红纹南红。

樱桃红：
　　以四川联合樱乡出产为主，联合料属通透玉料，晶体非常细腻。

纯白料：
　　以白色为主体颜色的南红材料，因其纯白色也被玩家们称为南红白料。

徐霞客与南红开采

　　有关玛瑙开采的记载，最早见于《徐霞客游记》里的《滇游日记十一》，这是徐霞客游云南省保山的游记。

　　崇祯十二年（1639）七月初六，徐霞客到达保山西隅、怒江东岸的罗明坝，以后几天，在友人马元康的安排下，考察了玛瑙的开采过程。徐霞客做了详细的记录："玛瑙山，《一统志》言玛瑙出哀牢支陇，余以为在东山后。乃知出东山后者，为土玛瑙，惟出此山者，由石穴中凿石得之。" 接着，徐霞客像讲故事一样娓娓道来："下午，从庐西下坡峡中，一里转北，下临峡流，上多危崖，藤树倒蔓，凿崖迸石，则玛瑙嵌其中焉。其色有白有红，皆不甚大，仅如拳，此其蔓也。随之深入，间得结瓜之处，大如升，圆如球，中悬为宫，而不黏于石。宫中有水养之，其精莹坚致，异于常蔓，此玛瑙之上品，不可猝遇，其常积而市于人者，皆凿蔓所得也。"

　　徐霞客还兴致勃勃地介绍了出产玛瑙的洞穴内部状况："坐玛瑙崖洞间，有覆若堂皇，有深若曲房，其上皆垂于虹枝，倒交横络，但有氤氲之气，已无斧凿之痕，不知其出自人工者。"

　　徐霞客还看到一个早被废弃的玛瑙古洞，他详细地予以记载："一里，得古洞，乃旧凿玛瑙而深入者，高四五尺，阔三尺，以巨木为桥圈，支架于下，若桥梁之巩，间尺余，辄支架之。其入甚深，有木朽而石压者，上透为明洞。"无意间，他真实记下了明代巷道支护的具体情况。

　　就玛瑙的价钱《徐霞客游记》载："其拳大而坚者，价每斤二钱。更碎而次者，每斤一钱而已。"

　　据了解，目前南红玛瑙主要产地仍是云南省保山市的玛瑙山，"其色月白有红，皆不甚大，仅如拳"，这是对南红玛瑙特点的概括。时至今日，这个地方仍然是新南红制品九成以上原料的产地。南红原矿虽然被认为于清晚期绝迹，但据说今天的保山仍然可以发现一定数量的原矿遗存。

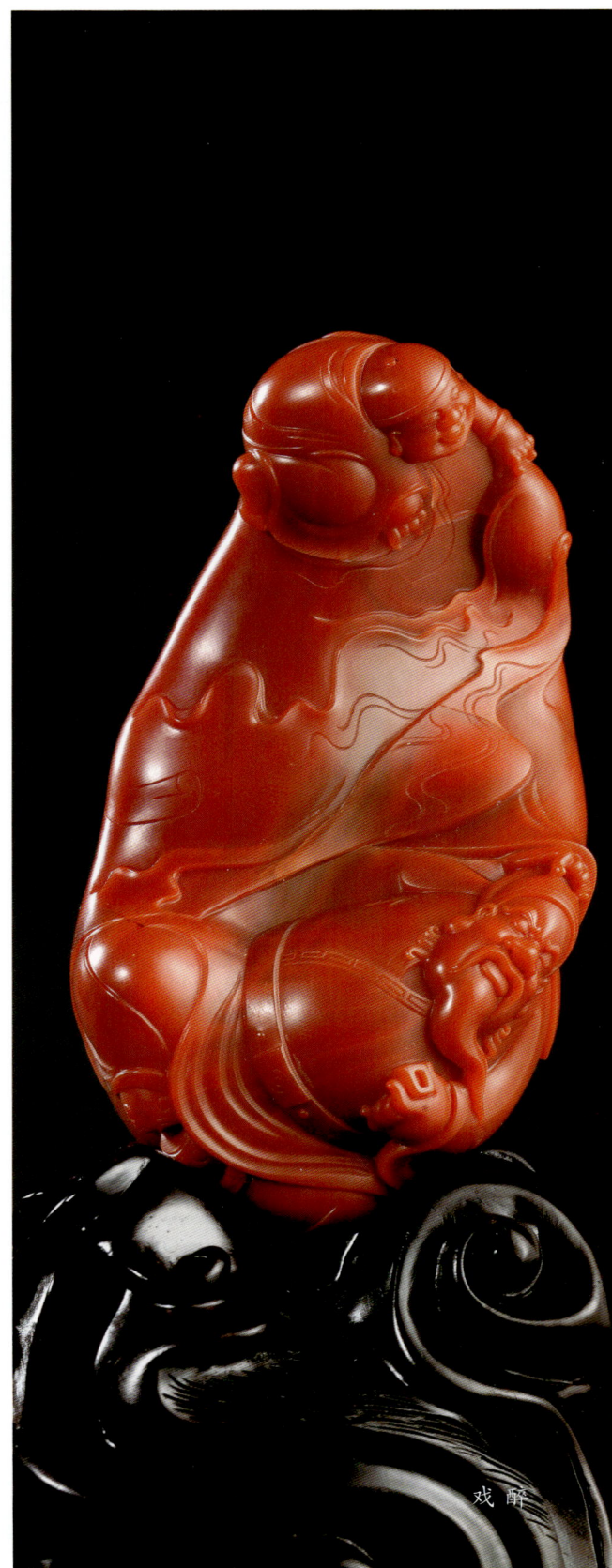

戏醉

南红视界

三位年轻人探宝南红的漂流传奇

浣沙调

2009年，三位年轻人的"冒险之旅"使南红有了新的转机。赵靖玥、刘仲龙与蔡红一起踏上了寻找新矿地的旅途，并在两个月后在四川凉山地区成功采集了新一批南红原石，至此，他们延续了中断许久的南红收藏，也带动了国内第一批"南红热"。

回忆起刚发现南红的经历，赵靖玥说："其实有整整一年的时间，我们多次折返于城市与乡间。在2010年我参加北京'天工奖'时，国人都不知道南红是什么，有些收藏大家也不知道。过云我是推广这个材料的，不过现在，我可以进一步推广工艺甚至品牌了。"

赵靖玥是苏州人，自幼受家庭影响，喜爱把弄古玩玉器。据他回忆，第一次遇到南红，是看到一串珠链，"那时就想知道它的产地，后来得知是保山后，还去过那里，无奈这个材料裂太多，做不了作品。"一时间，了解南红的想法被搁置下来。

后来，赵从一位朋友的亲戚那里得知，他有一块很美的玛瑙料。赵登门拜访后，一看便知它是南红，于是，他陆续从那里买了一些材料。两人相熟后，卖主告诉赵，南红原石来自凉山，可具体方位仍不便透露。后来，赵建立了一个QQ群，想呼吁志同道合的朋友一起去凉山深南红，最终，刘仲龙和蔡红加入其中。开朗的刘仲龙作为领队，制定寻觅南红的路线和策略；具有丰富地理知识的赵靖玥则做"军师"，蔡红负责后勤的支持。

凉山地区的居民多为少数民族，以彝族、藏族、苗族等为主。三人雇了一位精通汉语的师傅，驾车前往。每到一个村落，三人将纸撕成一张张纸条，写着各自的电话号码，拿出准备着的南红样品，问当地居民是否看到包裹着红玛瑙的神秘"石头"。三位外族人来村里觅石，让久居当地的村民很意外。"好几次，很多村民把我们围在一起，纷纷拿出自己在河边、在喂养动物时捡到的石块。"蔡红在一个纪录片中回忆道。片中，在周围村民目光下，她与赵靖玥、刘仲龙半蹲着，手中摸着一个个石块。"这不是我们要的，它虽然也泛红，但很干燥，里面也并非玛瑙的质地。"她说。

在凉山的前两个月中，除了捡到几块零碎的南红料，他们几乎一无所获。一日，刘仲龙从白玉籽料中找到灵感，想到更咸熟的"料子"可能来自山边，于是，朝着火山方向找南红，成了一行三人的新目标。"刚开始，村民都不知哪儿有火山，不过有个人让我看到了希望。"蔡红说。她至今能清晰回忆，那位村民拿着一只非常破旧的搪瓷碗，试探地看着三位外族人，碗里竟然放着他们苦寻不得的南红原石。"当时我们都惊呆了 但不敢表露出来，只是悄悄地讨论了一番。"蔡红在纪录片中回忆道。不过，警觉的村民并没有告诉他们发现原石的地址，只说在喂养动物时偶然发现南红，似乎暗示让他们购买原石。于是，他们开始自己用工具刨地。

赵靖玥告诉记者，在凉山地区第一次寻找到南红原石，是在九口乡。"凉山地区目前就三个地方材料比较好——九口乡、联合乡和瓦西乡。瓦西乡是去年发现的，因为它要挖到七八米之后才出来。"据他介绍，自第一次成功采集南红原石后，他们有一年的时间在山间，"那时机器上不去，都是要靠人力一点点挖的。南红材料就像鸡窝矿一样，某一个地方特别多，某个地方又可能一点也没有。现在政府也不允许挖了，我们就回来了。"赵靖玥回忆起那段寻觅南红的故事，它就像是一段在山间的奇幻漂流。

细说保山南红的坑口分布及其特点

众所周知,历史上最有名的南红产地在云南保山,自明朝以来就被当地老百姓开采和加工,由于质地细腻、色泽红润而受到世人的追捧,也深受皇室贵族的宠爱。清朝时期保山矿曾是皇家的矿脉,专供皇帝使用和开采。

保山南红的矿脉属于沉积岩,呈线层状分布,离地表较近,虽然储量不少,但由于几千年的地壳运动和腐蚀风化,产生了不少断裂,甚至变成了碎渣,这也造成了保山南红多绺裂的特点。保山四面环山,南红矿带分布不集中,开采难度较大,大大小小的坑口加起来有1000多个,以杨柳乡(西山)和东山为两大产地。

西山坑口的分布及矿料特点

西山所出的南红多夹杂在玄武岩中,品质好,色艳且较完整,主要有滴水洞、大黑洞、冷水沟、白沙沟、干掌、旧寨田、河温、罗民坝、大沙坝、六库等几个坑口。

其中历史最为悠久的坑口就是位于西山杨柳乡大海坝的滴水洞,出产颜色和质地上好的南红玛瑙,鸡冠红的料子很多。滴水洞就是通常行业内说的老坑口,然而早在清朝就已经封矿,后来陆续被开采过,但是由于滴水洞的顶上正好是大海坝,也就是保山市大水库的咽喉部位,关系到整个保山市民的饮水问题,前几年就被政府封矿了。所以滴水洞南红已经成为传说,如果谁手里有滴水洞的料子,那就要好好珍藏了。

大黑洞,紧靠滴水洞边,也算老矿口,出产过不少好东西,不过在2014年上半年也已经封矿。

滴水洞和大黑洞的料子是全国公认最好的,颜色种类很多,按照等级大致分为茼南红、老南红、辣椒红、火焰红、锦红、水红发黄、深水红、水红、荔枝冻、红白料等。

冷水沟和白沙沟产量较大,特点是料子碎,颜色好,但是多带黑色缟丝,通常是做珠子料。

干掌出的料子红白料较多,就是通常所说的冰飘,而且红白分明,非常干净透亮,没有一点杂质,可以说是保山南红里红白料极品,除此之外还有琥珀料。

旧寨田盛产琥珀色料,保山南红里80%的琥珀色料都是旧寨田出产的。

河温是产量最少的坑口,不出则已,一出就是极品料。琥珀料色精品红,有的好料,接近血色,是难得的首饰级别料,

南红视界

还有红白料极品。

罗民坝（也叫小庄）出产的料子跟日寨田的琥珀料差不多，只是料子相对小一些。

西山这边出产南红量最大的坑口就是大沙坝，曾经产量最大的时候一天将近20吨，每天有10多台挖掘机在工作，广州那边注胶的料子好多也是这里出产的。

再就是六库凤凰山，这里海拔很高，路况很差，只有四驱的越野车才能上去，开采难度非常大，基本上没怎么在市场上露面，也已经封矿。

东山坑口的分布及矿料特点

学会辨别东山料和西山料对于购买保山南红有很大的帮助。西山料相对来说质地较好，完整度高，一般不用注胶，主要就是以白沙沟和冷水沟的料子为主，也就是出产小珠子比较多，大黑洞和滴水洞的料子很少。注胶料大多产自东山，那些大珠行的手串，可以说十有八九是东山的注胶料。

东山，顾名思义位于保山的东边，也包含了几个乡镇的几十个大小不同的坑口。和西山料不同，东山料都埋藏在泥土里，开采难度相对小多了。

东山的坑口主要有宝石山、夏家坝、郎坡、大新坝、鹿寨、水寨、大水沟、大水井等。

与杨柳料相比，东山料的缺点是多裂，质地疏松，多矿点，完整度不高，发干，玉质感较差，所以市场上的注胶料大都出自这里。尤其是宝石山和夏家坝这两个坑口，几乎市场上60%~70%的注胶料都是这两个坑口出产的，每个坑口差不多有十几个二十来个洞口，目前也已经封矿。保山东山料的大雕件在雕刻的过程中也要涂胶，否则很难出成品。当然，原矿的雕件也有，但价格相对较高。

东山料优点是颜色好，经常出一些柿子红、柿子黄的颜色。东山料品质最好的两个坑口是郎坡和大新坝，基本不用注胶，颜色堪称保山中的极品，比杨柳大海坝的料子还要红，但是润度不够。

东山料整体的玉质感、水头、硬度、冰度相对杨柳料都要差一些。笔者认为，东山注胶料普遍多裂，颜色发干，当然除了郎坡和大新坝的。最差的料子是东山夏家坝的，颜色发干发黄，不均匀，是注胶料里品质最低的料子。

总的来说保山南红坑口很多，分布很广，开采难度大，用当地老百姓的话来说保山的坑口都是鸡窝矿，意思就是没有明确的矿口，这边挖一点，那边挖一点，有时候在山上一个月也不一定能挖到一块有用的料子。由此可见，保山南红来之不易。

（白路阁）

南红籽料的前世今生

马超

南红籽料，其色丰富多彩，种类繁多。既有和凉山料、保山料一致的各种色系，也有如牛血红、橘红等籽料所特有的颜色，除此之外，还存在与盐源料一样的原石，可以满足不同玩家对颜色的追求。

南红的出现，满足了人们对天然红色玉石的追求，夺目耀眼而又不失沉稳端庄的颜色，温润细腻的玉质感，使众多玩家沉醉其中。"一红二黄三羊脂"是关于和田玉颜色的一个说法，苦苦追寻红玉而不得的玩家，很容易便接受了南红。但对于这些玩家来说，还是或多或少的会有一点遗憾，凉山和保山南红都属于山料，而玉石玩家在潜意识里对籽料是情有独钟的。不过大自然是神奇的，也是慷慨的，在保山料和凉山料之后，又将南红籽料送到了我们面前。"赤玉""籽料"，这两个因素相结合，使得南红籽料一出世便受到了玩家的追捧。

南红籽料出现在市场上是在凉山料走红之后，它也曾有过一些别的名称，如南红水籽、金沙江料、水料、江料等。在众多别名中，南红水籽无疑是流传最广泛、影响力最大的，这个名字着重强调了它的出身，即来源于水中。在凉山料出现之初，因与保山料明显不同的土豆蛋外形，也被部分玩家称为"籽料"。为了与之区别，便使用"水籽"一词，意为"水中的籽料"，强调其出身。相信在以后很长时间内，南红籽料与南红水籽这两个名称都将在玩家口中并存。不过"籽料"一词本来就意味着产于水中，足以描述其出身，所以南红籽料这一名称无疑是最标准，也是最贴切的。

南红籽料产于金沙江、长江流域，熟悉地理的朋友应该知道，金沙江指中国长江上游自青海省玉树县巴塘河口至四川省宜宾市岷江口的一段，流经中国西部的青海、西藏、四川、云南，在其流域内经过了多个南红矿区产地。与和田玉籽料的形成类似，山料南红落入江中，经江水不断冲刷、搬运，最终形成鹅卵石形态，散布在金沙江、长江流域内。位于这一流域的四川宜宾、湖北宜昌和江苏南京，是南红籽料的主要产地。

南红籽料，其色丰富多彩，种类繁多。既有和凉山料、保山料一致的各种色系，也有如牛血红、橘红等籽料所特有的颜色，除此之外，还存在与盐源料一样的原石，可以满足不同玩家对颜色的追求。

其质温润细腻，润度好，油性足，清代陈性在《玉纪》描述和田玉时写道："体如凝脂，精光内蕴，质厚温润，脉理坚密。"这几句话用在南红籽料上也同样合适。

其形圆润光滑，呈鹅卵石状，形态各异，大小兼备，每颗籽都是独一无二的，均可称为"孤品"，绝无重复可能。与和田玉的"毛孔"类似，南红籽料也有其

南红视界

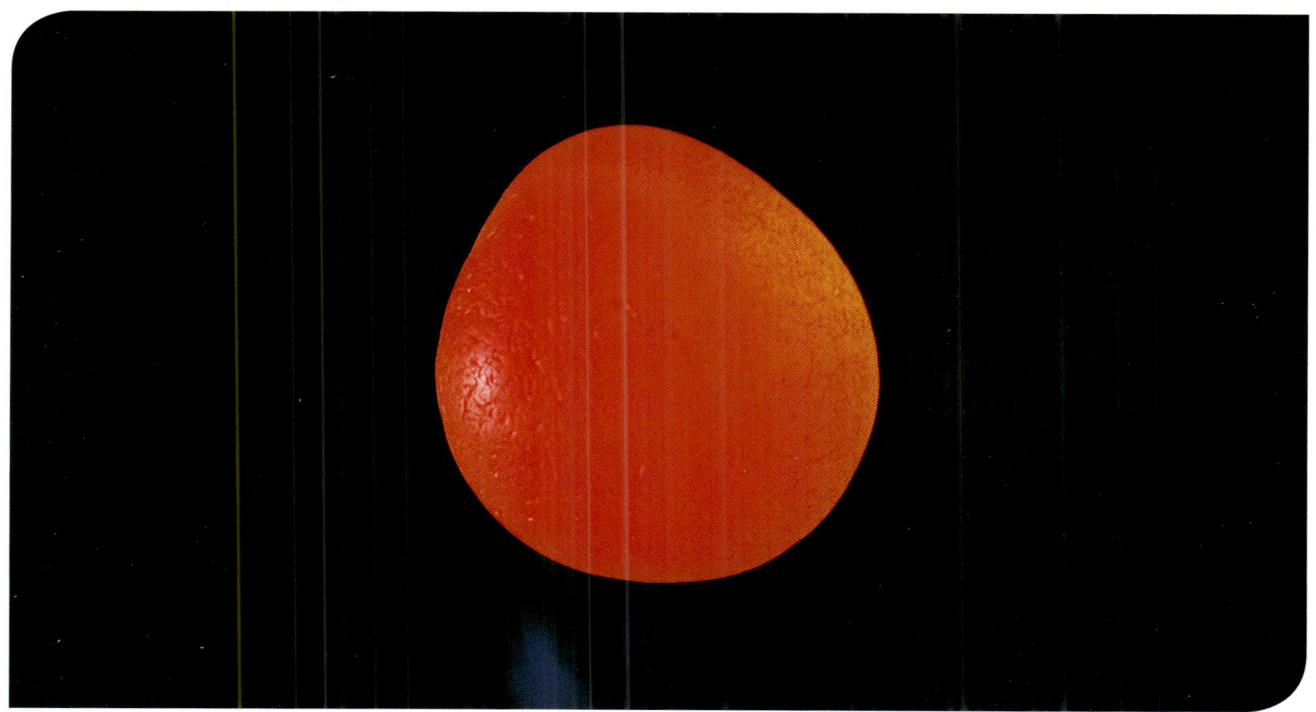

独特的表皮纹理。南红原料的外表在江河中经历亿万年的水冲砂磨、翻滚碰撞，形成了大小长短不一的月牙型纹路，如同指甲按压过的痕迹，因此在业内称为"指甲纹"。指甲纹是南红籽料的身份证，也使其具备了独特的沧桑感，雕刻时保留部分原皮指甲纹，已成为共识，这种有别于凉山南红的独特感觉，使玩家爱不释手。

南红籽料是大自然馈赠于我们的珍宝，它的形成也是天地造化的结晶。当棱角分明的保山料、土豆蛋状的凉山料落入江河中后，顺着江水一路而行，其间经历了怎样的惊心动魄和艰难险阻，我们不得而知，但却共同见证了大自然为我们缔造的神奇结果。当初的南红山料，经过亿万年江水的冲刷、砂石的碰撞，在物理法则和化学反应的作用下，最终以籽料的形态呈现在世人的面前。

当初和田玉经历了从山料到籽料的发展历程，南红籽料的出现，也可以说是顺应潮流、合乎民心的。作为南红大家族的又一个成员，南红籽料尚处于发展初期，它的繁荣兴旺，还需要业界同仁的共同努力，也需要时间的积累和沉淀。对于这一过程，我们感到幸运的是自己能够亲眼见证，并参与其中。

美姑南红
走可持续发展道路

张琳

美姑县政府相关负责人坚定地表示,"我们要把南红的文化传承工作,制定成为一项富民强政的项目进行开发和运行。"

"南红无大料"这已经是大家公认的事实,"南红出料难"更道出了南红从业者的心声。此次走进大凉山矿区,矿区的艰苦、环境的恶劣,让作者不禁感叹,这美丽玉石的来之不易,但粗放式的开采导致的原石浪费也更是让人感到惋惜。

据估算,有1/3南红玛瑙凉山矿料都是开采时被破坏的。很多大料剥开后整块的玉料都裂了,但这些裂块不是本来就有的,也许是由于当地老乡在开采时挖裂的或在地上磕裂的。

南红玛瑙是火山矿形成的,外层有一层高温氧化而成的皮色,要去除这层外皮才有艳丽红色的肉质出现。凉山老乡有个习惯,当挖到原石时,为了去皮看看矿石的成色,喜欢剥开皮露出一点红色,但由于一些原因,剥皮时不是慢慢地剥,而是在地上磕,这么一磕红色是露出来了,但也可能把里面的玉料磕裂了。

资源开采的现状,因利产生的矛盾,一一呈现,美姑县政府重拳出击。走进美姑县九口乡,一块乡人民政府设立的警示牌树立在路口,分外醒目:严禁一切私挖滥采玛瑙石和私自买卖玛瑙石的违法行为。

作者也亲身感到这种严管的威力,凡是进出玛瑙石矿区的车辆,必须无条件接受检查,发现携带玛瑙石者,玛瑙石全部没收,封存上缴国库,携带者视情节轻重予以处罚。

面对这资源岌岌的现状,如何充分利用现有资源,合理有序地开采,保证南红的可持续发展,成为摆在美姑县政府面前的一道难题。

"我们已经获得了省国土资源厅的矿权审批,在辐射面积涉及10个乡镇的情况下,九口、联合、瓦西三个矿权已审批成功,也预计在年内向市场进行出让,10月左右最迟11月份进入拍卖程序。"美姑县政府相关负责人告诉作者,现在所做的禁山、禁止外地车进矿、禁止大型机械设备进山、登记进山等种种工作,都是在控制盗采,保护资源,为合法地出让、有序地开发,做好前期准备。

同时,美姑县国土资源局负责人也表示,矿源具体的开采模式还没有确定,有可能会借鉴黄龙玉的开采模式,先由政府、村里一起做好前期准备,争取实现利益共享——村民有利,村委有利,政府有利,开发商有利,营造和谐的开采氛围。

关于未来工作发展动向,美姑县政府某负责人说:"我们将在美姑建设百亩的中华彝族文化园,在园内设立分园,比如,毕摩文化园、玛瑙园等。"

他介绍说,玛瑙园里既有原石,也要有玉雕大师入驻。从量和质来说,苏州是国内南红的风向标,苏州带动了全国的终

南红视界

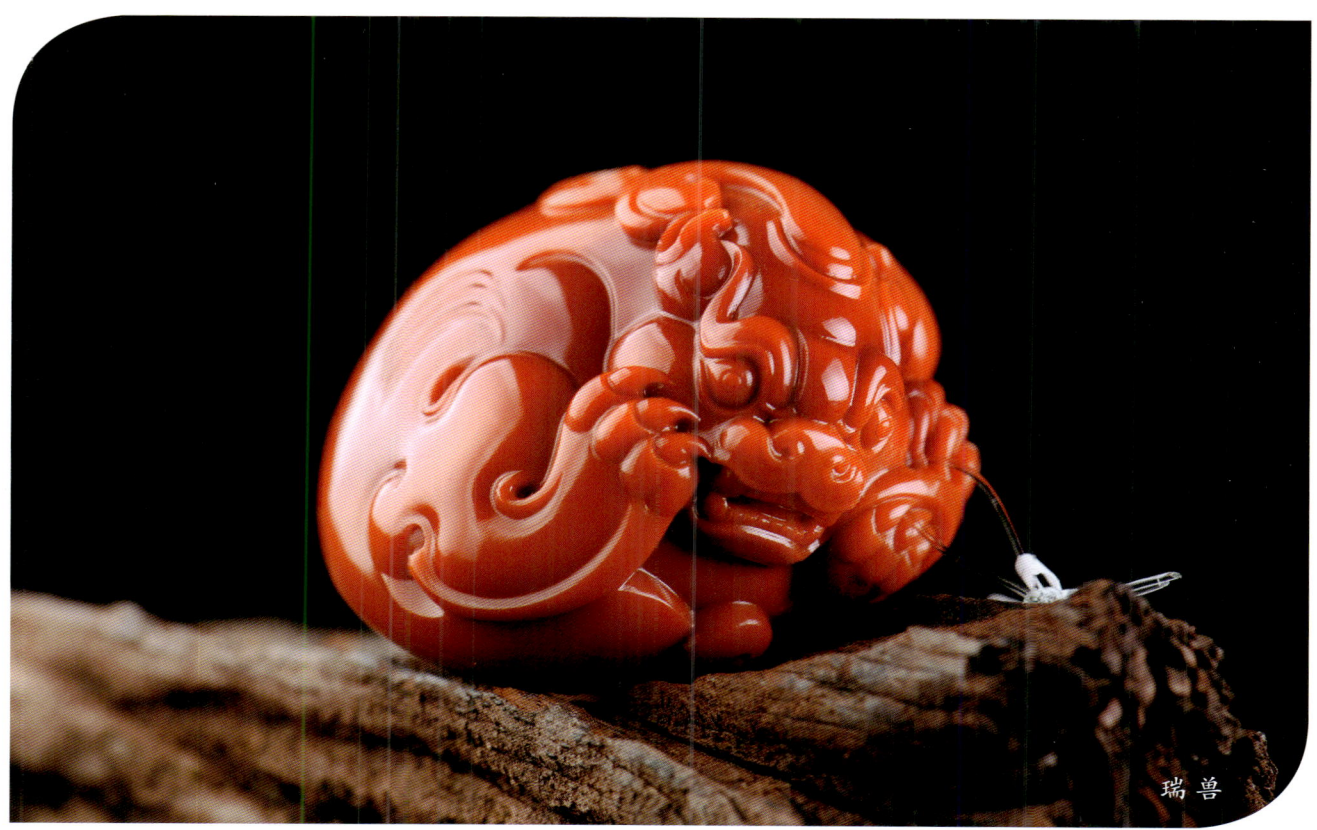

瑞兽

端消费者深入了解南红，所以会考虑邀请苏州的玉雕大师在这里开设工作室。

整个园内只针对美姑南红，俗称川料南红进行销售，主要以低端的老百姓自主经营与高端的玉雕大师的工作室经营相结合来做，形成合理、有序的市场销售氛围。

"我们联合了质量技术监督部门，就南红质量标准问题，做进一步的工作，有望尽快拿出南红的质量技术鉴定标准。"美姑县政府相关负责人坚定地表示，'我们要把南红的文化传承工作，制定成为一项富民强政的项目进行开发和运行。"

 Tips

秀色美姑

美姑县位于四川省西南部、凉山彝族自治州东北部，地处大凉山黄茅埂西麓。县境东邻雷波县，西接越西县，南连昭觉县，北毗峨边彝族自治县，西北与甘洛县连界，东北同马边彝族自治县接壤。

境内有大风顶国家级自然保护区、纳龙风景区、龙头山等景点。大风顶自然保护区位于县境东北部，属青藏高原的东南缘，地处横断山脉中段。在地质年代的冰川时期，受北方大陆冰川影响较轻，因而成为第三纪或更古老的生物"避难所"。

保护区内有以大熊猫为主的珍稀动物29种，珍稀子遗植物30余种，其中珙桐、连香树等23种，被当今科研工作者赞誉为"很有价值的生物基因库"。

保护区的地理位置处在东南季风和西南季风的交汇处，雨量充沛，温凉湿润。大风顶由于山体高大，立体气候明显，每当春末夏初，山下已是郁郁葱葱，山上仍然白雪皑皑，展现出集春夏秋冬四季景色于一地的奇异风光。优越的地理位置和气候环境，孕育出独特的原始状态自然景观，成为一座保存较为完好的大自然博物馆。

精美绝伦的古代南红雕件

清中期 南红玛瑙树桩形花插

清 南红手串

清 南红十八子提珠

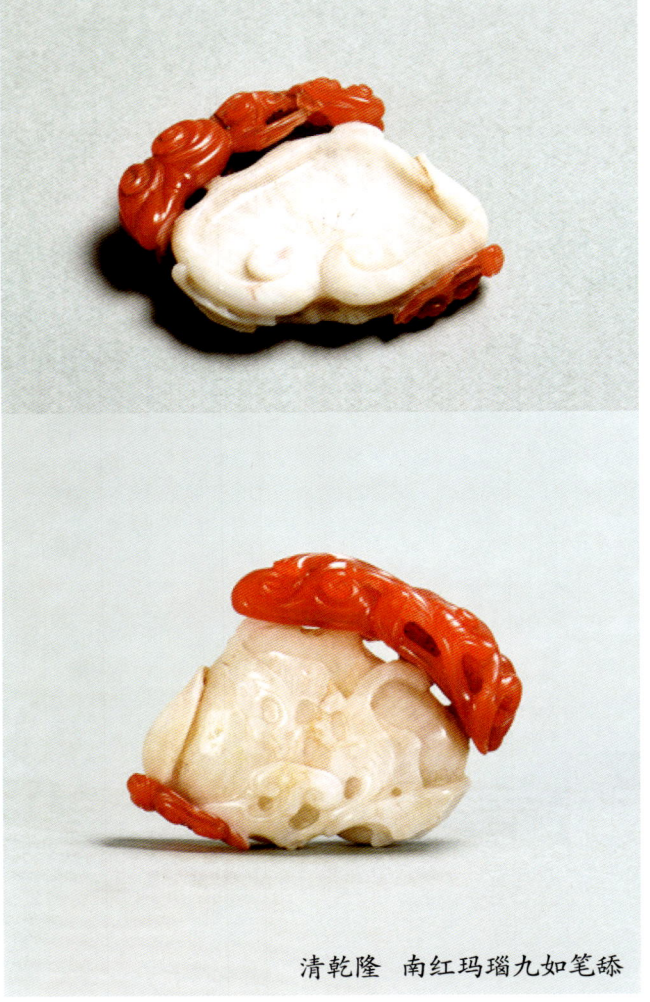

清乾隆 南红玛瑙九如笔舔

精品赏析

清　南红玛瑙双欢坠

清　南红玛瑙巧雕桃盒

清　南红玛瑙"凤鸣报竹"花插

见佛

创作者·白骑通

【2015年最具收藏投资价值的南红精品】

　　当禅意穿透我们灵魂深处时，便会打开绊住您灵魂的枷锁，使得您轻松、快乐地接纳一切顺境与逆境带来的生活体验。

　　此作意旨佛光普照，传播一种禅意思想，融入到我们的人生中，伴您拥有一颗宁静的心。

暗香浮动

创作者·张家栋

【2015年最具收藏投资价值的南红精品】

　　这是一套比较有特色的南红玛瑙作品，呈橘红色，带有一小部分白色，作者利用这红白俏色进行俏雕，刻画出部分人体轮廓。

　　在雕刻手法上我们能看出，这两件南红作品带有西方雕塑风格，借用层次变化所带来的光线与阴影变幻来展现形体的空间实在性；简单的几笔线条勾勒出了一幅圆滑自然、体态丰满的人体图案，简约流畅的线条，清爽的画面，表现出一种精美绝伦的清纯气息。

【2015年最具收藏投资价值的南红精品】

锦红,用于描述南红玛瑙中最为顶级的一个词语,它表达的不仅是颜色,还涵盖质地。锦红色为正红色,锦红色南红玛瑙质地非常温润、油脂感强,正如这件"青莲水盂",微蜷的荷叶中两只小青蛙就是最顶级的锦红。

惟妙惟肖

荷叶卷边,似处于炎炎夏日。卷边下的青蛙,却似乘凉避暑,又似在等待着。微扬的脑袋,睁圆的双眼,像在张望着什么,跟着的唯像是肌肉紧绷,在积蓄力量,圆鼓鼓的身躯,四肢有力,像是等待着猎物,蓄势待发。

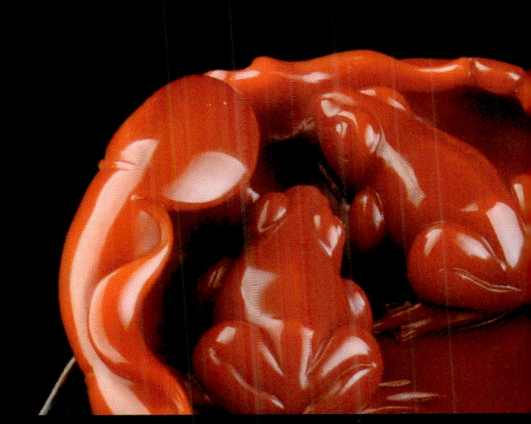

细腻出彩

雕工细腻,十分出彩,细节处:趾间分明,腿部线条刻画细致,彰显肌力。荷干带刺,便有了细细密密的小孔,而莲蓬圆满丰实,莲干细卷漫舒,逼真细致。

季荣伦
"中国红"必风靡全球

华荣石

> 南红的美带有中国基因，很能释放中国情缘，无论自然属性的红色，还是赋予的中国红寓意，都会让中国人感到骄傲。所以，南红要走出国门，要给中国玉石增添新的元素、新的品种、新的内涵。

采访中国地质科学院高级工程师、中国观赏石协会科学艺术顾问季荣伦，让人非常振奋。季荣伦思维清晰，观点明确，对南红的发展很有信心。

季荣伦表示，南红快速发展，有多重原因，南红的"中国红"特质则是其红火起来的根本。

虽然玛瑙颜色多样，数量也很多，但自然红的玛瑙还是非常稀少的，那种艳红而又品质高端的更是少之又少，所以南红的发现正好填补了审美和收藏的空白。中国人喜欢红色，将红色当作喜庆、欢乐的象征，南红享有天然的优势，所以无论烧红的或者染红的都无法替代南红的自然红。

从产量来说，南红虽有风光的时候，但在清代就采集殆尽了，在发现四川凉山南红矿源前，市场上交易量非常小，形不成规模。

四川凉山南红矿产量相对较大，其色泽虽不如保山料那么好，却裂纹较少，可以用来做稍大一点的雕件。因此，自凉山矿发现后，南红进入市场的量就越来越大了。大量南红进入市场，自然也就激发出人们赏玩收藏的热情。

还有就是当翡翠白玉价格涨得离谱的时候，颜色鲜艳、工艺精美、价格亲民的南红让资本和收藏界有了一个宣泄的出口，很容易被追捧和追逐。

南红是中国独有的矿产资源，理应有一定的价格门槛，但是以前南红价格很低，所以也给了南红"暴涨"的理由。

不过，在季荣伦看来，过高的价格可能会对个别南红作品有所帮助，但对整个南红产业并不是好事，凡事过犹不及，否则还会步翡翠和白玉的后尘。

南红的红火，给商家带来利好的同时，也迅速导致南红市场上的混乱，烧制、浸染、注胶等在白玉市场上的作假手段也出现在了南红市场上。

"南红质地圆润，硬度适中的特点也给作假降低了难度，给蓬勃发展的南红产业埋下隐忧，给真正热爱南红的人带来困扰。我们必须及早制定相关标准和产业规划，让南红产业健康地发展，否则南红只是红极一时，而难以红极一世。"季荣伦对南红的未来也表达了担忧之心。

他认为，现在南红属于无组织状态，或者说没有权威组织，处在野蛮生长状态，不加以引导很难起到积极作用，对于南红产业的发展非常不利。所以，政府有关部门、相关组织、协会，要负起责任，要形成规范，发挥组织积极性，给南红这个特有的玉石创造一个健康的生存发展环境。

"南红的美带有中国基因，很能释放中国情缘，无论自然属性的红色，还是赋予的中国红寓意，都会让中国人感到骄傲。所以，南红要走出国门，要给中国玉石增添新的元素、新的品种、新的内涵。"季荣伦希望南红能够走出国门，像其他玉石一样，风靡全球。

文化南红

季荣伦

注：季荣伦，中国地质科学院高级工程师、中国观赏石协会科学艺术顾问。

栾秉璈
南红文化古已有之

华荣石

> 南红玛瑙的应用历史悠久，在出土的战国贵族墓葬中已经有南红玛瑙串饰了，具有非常重要的历史、艺术价值，被定为国家一级文物。

一个周末的上午，作者与中国宝玉石联谊会副理事长、中国宝玉石协会副会长、亚洲珠宝联合会副会长栾秉璈相约在一个小酒肆里。

虽然已是81岁高龄，但栾秉璈看上去精神矍铄，一句"小朋友"的称呼一下拉近了距离。在栾秉璈的口传手教下，作者走进了南红的世界，追溯南红文化渊源。

据栾秉璈介绍，玛瑙是七宝之一，属于玉髓类矿物。南红属于玛瑙的一种，也是极为珍贵的一种，一直有"玛瑙无红一世穷"的说法，足以见得南红的价值和地位。

栾秉璈说："1927年，张鸿钊所著《石雅》一书中提到，玛瑙这个名字来源于梵语'趆湿摩揭婆'，直译为马的脑子。在西汉时期，随着佛教传到中国，也有记载说，古代印度人发现玛瑙五颜六色非常美丽，而且形状酷似马的脑子，以为是由马脑石化而成，这也印证了书中的记载。只是翻译人员认为马脑是玉石类一种，所以巧妙地翻译成了玛瑙。"

"一些历史典籍多有记载，提到玛瑙多是由国外进献而来，西晋葛洪《西京杂记》记载：汉光武帝时，身毒国（印度）献连环羁，皆以玉为之，玛瑙为勒。魏文帝也曾说过'马脑出自西域，纹理交错'。《旧唐书》载，开元六年（718）康国（今乌兹别克斯坦一带）遣使献玛瑙杯；天宝六年（747）波斯遣使玛瑙床，等等。"栾老如数家珍。

说到南红，栾秉璈认为，近几年南红价值飙升，不是空穴来风，一定有其必然的原因。红色玛瑙是玛瑙中最为正宗的，在西汉以前被称为"赤玉"或"赤琼"，取"赤红"之意。从成因看，一般是由火山爆发，随着温度的变化与外界产生化学反应形成，这说明玛瑙和温度有着很大的因果关系。

因此，栾秉璈推测，一般的玛瑙在温度达到300℃以上，其成分二价铁就变成了三价铁，颜色也就变成红色。所以，在古代自然红色玛瑙本来就不是很多的情况下，部分红色玛瑙很有可能是通过后天烧制得到的。

他进一步解释，在《山海经》有记载，古代祭祀用的玛瑙玉石，在仪式完毕后，通常有三种处理方法，一种是扔到山沟里，另一种是瘗埋，第三种就是用菅草烧，含有二价铁的玉髓在达到300℃的温度后，就变成了红色玛瑙，现今出土的一些红色玛瑙不排除是用这种方法得到的。

提到南红的发展，栾秉璈评价很高。南红玛瑙的应用历史悠久，在出土的战国贵族墓葬中已经有南红玛瑙串饰了，具有非常重要的历史、艺术价值，被定为国家一级文物。历朝历代对南红都非常重视，同时也是很稀少的珍贵材料，尤其至清代达到顶峰。

可以说，南红文化古已有之。南红在我国有8000年的历史，在古滇国，南红是不可替代的饰品，其第一代滇王之孙特别喜欢南红，他主持雕刻的南红甲虫和牛头成为绝代精品。李时珍在《本草纲目》中则以红玛瑙入药，认为南红玛瑙具有养心养血功效，也有聚财辟邪、促使姻缘和美的寓意。

文化南红

李杰

善南红的设计、镶嵌、高端饰品应用等方面的开拓工作，让美丽的宝石发挥出潜能，展现魅力，让南红的产业文化进一步提高。

张：如何看待大师作品？

李："玉不琢不成器。"玉产品的高端体现在玉石材料的妥善运用、雕刻技能的炉火纯青、艺术神韵的巧妙传递3个方面，其核心价值是创意。大师的作品，通常从理念、思维、构思到技巧、刀法、创作都会有更高层次的表现。目前市场上，一件大师的作品和一件普通产品相比，前者能增值上百倍。

但是对于大师也不能盲从，需要有正确的认识。首先，大师要有足够的专业背景，不是要论资排辈，但至少要经得起时间和经历的磨炼；其次，我认为大师不是万能的，术业有专攻，每个人必定也有他自身的短板，不能将大师具象化、万能化；再次，大师的评定标准一定要客观。

张：对南红产业发展有哪些建议？

李：南红的今天和大家的共同努力是分不开的，更与东方人的审美特点分不开。大自然留给我们的资源，我们要好好保护和利用，不可浪费，要团结各派玉雕大师，用心用力把美丽的南红雕琢成器，让南红的收藏存世得以延续，让南红的文化得以传承。更更要的是，要团结业内各位从业者，进一步做好南红的深加工业务，让南红真正成为宝石。

注：李杰，中国宝玉石首饰行业协会副会长、河南省镇平县宝玉石协会会长、中国镇平玉雕大师创意园发起人。

刘一
玉石玩的是历史和传承

田 燕

> 就玉石行业来说，我们每往前迈一步，其实都是更深地向古人探索一步，什么玉石好，古人早已实践过了。

刘一说话不紧不慢，思维逻辑相当清晰。

他自称是个稳妥的人，不喜欢冒险，因为在他看来，从事玉石行业，根本不需要冒险。

"当你看懂历史，了解传承，有了积累之后，自然知道该怎么玩了。"刘一说，20多年，在玉石界，一直能走在潮流的前头，就是这个原因。

儿时记忆

"童年对一个人的影响是非常大的。"刘一说，小时候，父亲虽然是国家干部，但每月的工资有限，除了养活一家5口人外，还要照顾老家的爷爷奶奶，根本没有多余的钱给他买玩具。

但好在家里有些祖传的小物件，像银器、玛瑙，甚至还有一两件战国红。刘一把这些当成了玩具，没事就拿着把玩，"小时候不懂，只是觉得这些物件越玩越有韵味。"等长大后，刘一才意识到这就是历史文化的魅力。

这些老物件不仅给刘一留下了深刻的印象，更影响了他的未来。17岁毕业的他，挣了第一份工资，除了孝敬爸妈外，就去买了一些自己喜欢的玉石物件。慢慢地，他积攒的东西越来越多，就想出掉一些不是很喜欢的，换一些新东西。

刘一最喜欢逛的地方就是琉璃厂，"当时正赶上琉璃厂第一家玉石个体户开张，但那时资源紧张，他们手里没有什么货源。"刘一说，"正好我手上有一些想卖掉的物件，双方就达成了代销意向。"

但刘一自己手中的物件毕竟有限，似乎天生就对商机敏感的他，立即想到家附近有家玉器厂。于是，他买来厂里积压的产品，再卖给个体户，赚取差价，"当时一般人的工资才几十块钱，而我则每月平均能赚500多。"

在那个年代就成为"土豪"的刘一，除了继续买自己喜欢的玉石外，还有一项更奢侈的投入——买书。

"琉璃厂有家书店，专门托朋友从香港、台湾带一些关于历史、收藏、玉石类的原版书出售。"至今为止，刘一至少花了四五十万买书，在他看来，越喜欢某样东西时，就越想深入了解它。人的知识就两个来源，一个是亲耳听说，一个是从书本看到，而他的知识，大部分来源于书本。

现在看来，这些买书的钱花得超值。"20年前，通过这些书，我就认识了南红和战国红，并断定它们一定会流行。"刘一说，当时收了很多老南红，像大家常说的"西玛"，就是西周玛瑙，一个药片式的珠子，九几年的时候，才10块钱，但现在最少要2000元，如果是缟玛瑙则要翻番。

作为最早一批经营南红的人，刘一总是会向客户推荐南红，但很多人因为不懂，不了解历史，所以不敢下手。但特别信任他的，只要买了，现在都升值了。"去年还有个大姐，跑来说，3年前你让我买，我没买，现在还能不能以3年前的价格卖给我？"刘一开玩笑说，"那你家二环里的四合院，现在能不能以1万元每平米卖给我呢？"

文化南红

注：刘一，国家玉器专家、雕刻大师、中国南红专业委员会名誉主任、云南省保山市南红行业协会名誉会长，中华全国工商业联合会古玩业商会、中国白玉研究会秘书长、广东省佛山市南海区平州珠宝玉器协会名誉会长。

阿拉善绿红碧玉 高16cm
作者为刘一的女儿刘文轩，该作品荣获"百花奖"金奖。

带子上朝
阿拉善绿碧玉 15cm×8cm
该作品荣获"百花奖"金奖

历史传承

"很多人质疑，南红的价格怎么涨得这么高，是不是在炒作？"刘一肯定地说，"在我看来，它没有任何炒作。"

他进一步解释道，炒作和非炒作之间有一个根本的区别，炒作的原料一定是可以再生的，而且具体知道谁在炒，比如当年的普洱茶，但资源类的原料，则是用一件少一件。

"作为生意人，我并不希望，昨天还10万元进的原料，过段时间就涨到20万元，我没法做生意，但它发展得就是这么快。"刘一说，现在资源真的是非常少，即使你拿着钱去保山，也不见得能买到好东西。四川也一样，为防止私挖乱采，政府已经采取封矿的措施。

至于南红为什么会受到追捧，在刘一看来，这也是有迹可循的。首先是中国玉文化的特征，一直以来，中国就崇尚"君子温润如玉"，像和田玉在手中把玩时，会越变越润。而现在因为资源紧张，从俄罗斯开发进口的白玉，包括离开新疆范围的青海白玉，它就是干的，表面只有玻璃光，完全没有油润的感觉，这就失去了中国玉文化最精华的部分。

再看南红，它依然是非常润的，这就符合中国玉文化的特征。在西周早期的时候，从西亚传过来的玛瑙多为高玻化，就像翡翠玻璃种，透明感强。但后期，随着中国文化的浸润和皇室品味的影响，玛瑙转向了类玉化的方向。

为什么呢？因为中国人讲究含蓄，就像水晶，也非常好，但它毕竟不像玉这么流行，因为它是一眼看透的东西，而中国讲究含蓄美，越看越有味道，越看越不明白，越看越想看。

其次是中国玉文化的传承。刘一曾经与宝玉石专家胡飞燕谈论过，中国玉文化到底有多少年的历史，"一般人认为，中国玉文化有5000年或8000年，而胡先生认为有12000年，我很敬佩他，他是我见过的把玉文化推得最早的人。"刘一说，"胡飞燕问我怎么看，我说最少有几十万年。"

刘一认为，中国的玉文化要放到整个人类的历史中看。以周口店猿人遗址为例，就曾经出土过水晶工具，而水晶和玛瑙在古代同归玉类。周口店的历史距今50万年到20万年之间，古人经过几十万年的时间，早就摸索出哪种玉可用，哪种玉最好，给首领和酋长用的一定是最好的，所以皇帝用的一定是最好的。

文化南红

南 紫

珊瑚颂

道法自然

南 紫
5cm×4cm 重35g
南红中的紫罗兰，是保山南红中极为稀少的品种。雕工采用现代美术意境，线条流畅，刀法娴熟，有趣的是，作者设计了一片长方形的树叶，让整件作品拥有别具一格的美感。

珊瑚颂
上谷战国红 10cm×8cm
这件作品的灵感来自歌曲《珊瑚颂》，表达了作者对自然的喜爱之情。

道法自然
上谷战国红 12cm×9cm×5cm
该作品荣获"百花奖"最佳创意奖，从不同的侧面看，有不同的体会，作者以钻石、水立方、禅意为灵感，创造出多面的意境，充满想象的乐趣。

"我曾经在一本书里看到过唐代皇室级的黑白玛瑙制成的围棋。"刘一说，其实只要是皇室曾涉足的品类，就一定会流行，中外都一样。比如说LV，就是150年前，拿破仑皇后的专用。

对于玛瑙来说，只是这几十年中间有断片。刘一断定，只要是好的东西，像南红、战国红等，这些符合中国玉文化的特征和历史传承的物件，一定会再次回到人们的视线中。

"继南红之后，战国红一定会成为下一匹黑马。"刘一说，"现在我们工作室里做的一大部分都是南红、战国红作品。"他拿出一件还未完工的作品说："玩玛瑙的最高境界，就是玩其自然形成的天然图案的类型。"

这件叫"海底世界"的战国红，在没有雕刻前，就已经有初步的图案了，一条小鱼和一只乌龟呼之欲出。当刘一把这块原料带回家，学美术设计的女儿看到后，立即自告奋勇地请缨，希望由她来设计这件作品，并给它起了个带有神秘和童真色彩的名字——海底世界。

最终，这件作品在"百工奖"中，一举拿下金奖，而刘一工作室的其他10件作品，则几乎包揽了其他奖项。其中最佳创意奖则是一件不规则的作品，在不同切面，则雕刻出不同的图案，值得细品品味。

现在的刘一，最大的愿望是希望女儿在玉石上能更加钻研，积累更多知识和经验，为将来的发展打下扎实的基础。而对于工作室的玉雕师们，他从不要求速度，只希望他们能更加认真、细致，将每一件作品尽量做到完美。

"就玉石行业来说，我们每往前迈一步，其实都是更深地向古人探索一步，什么玉石好，古人早已实践过了。"早就明白这一点的刘一，一直是按照这个规律走下去的，如今，他已后继有人了。

李文雅
将红石坊打造成南红文化中心

林树峰

放眼明天，已是苏州南红专委会副会长的李文雅信心满怀："是南红成就了红石坊的今天，我深信，红石坊会给所有参与者以超预期回报。"

一场以南红收藏为代表的"红色风暴"席卷全国，从云南、四川的原产地到京津冀的产销平台，越来越多的商家加入到南红交易队伍中，红石坊就是其中的佼佼者。

戏剧化转型

位于北京朝阳区十里河文化市场中心区域的红石坊，是一座灰色的四层小楼，建筑面积3400平方米，有南红专营者100户。

出人意料的是，这座2012年年底才建成的小楼，规划前身竟然是"火锅店"。

"2012年的7月，地皮刚刚审批下来，我们施工建设时的经营规划仍然是火锅店。因为我以前做过餐饮生意，按照以往'熟行莫出，生行莫入'的经验，火锅店成为首选。"谈及3年前遭遇的"变局"，红石坊总经理李文雅仍记忆犹新，楼刚刚盖到一半，就有人来找我，询问能否出租用来经营南红。

经营南红？南红是什么？随着见面聊天的次数增多，有关南红的知识是逐渐增多了，但越来越多的疑问也困扰着李文雅：新建的楼房是租还是自己留用？是坚持原有设想，还是改作商场？带着一个一个问号，李文雅就这样走进了南红的世界。

"初识南红，一眼就被南红的美所吸引，那是一种特殊的红，红得艳丽但不浮躁，红得惹人但也不失内敛，就有一种特殊的感觉，总是想让你去亲近，总是让你爱不释手。"李文雅就这

李文雅

文化南红

样被南红"征服":将一楼和二楼开放,店面租赁,三楼继续他们的火锅店梦想。

"红石坊刚开业时,各方面条件还是很艰苦的。寒冬腊月里,抢建最后的收尾部分,工人冻得手都伸不开,招商工作也没有像一开始想象的火爆,心里落差还是蛮大的。"挺过来的李文雅直言,"商户们的鼓励让我坚持,接下来试营业的几个月里,市场似乎是一夜间就达到火爆程度,石红、人乐、市场旺——红石坊因之成名。"

随着络绎不绝的南红商户入驻,红石坊的三楼再次"转型",李文雅彻底放弃火锅店梦想,红石坊由此拉开专营"南红故事"的序幕。

主讲南红故事

为什么那么多人喜欢南红呢?

眼看着红石坊商户的生意蒸蒸日上,不习惯做"甩手掌柜"的李文雅,又开始了对南红的研究。

"南红"是对产自中国西南部的一种颜色艳丽、观感润泽浑厚的红玛瑙的统称,它是一个有着几千年应用历史的玉石材料,古人称红玛瑙为赤琼(本意是红玉)。

古人将南红比喻为玉中君子,使南红至中华文化中成为尊贵的瑰宝,南红文化可谓华夏文明数千年的缩影。

今人所以喜欢南红,源于对中国红的热爱。儒家佩戴南红以"养德",道教赏玩玉石以保健、养生,民间用南红,大多为情爱和鉴赏之物——终成中国人特有的南红文化。

了解了南红的历史文化价值,李文雅正式开始南红的收藏投资。她首先从"琢磨"珠子入手,从商户手中收珠子,先分料,再分品级,一来二去就积累了上千条成品。

随着经历、眼界的丰富和提高,李文雅又开始接触玉雕:"每每看到南红原石在玉雕大师的手上以精品呈现,内心还是感到非常震撼。有好的南红籽料,加上玉雕师的匠心独运,呈现出具有丰富文化内涵的作品——这样的艺术品怎能没有升值空间?"

"红石坊作为北京乃至北方最大的南红集散市场之一,从建成至今始终秉承着诚信办市场、规范经营的思路,努力为更多的南红爱好者、投资者,提供一个规范、安全、值得信赖的交流、交易、投资平台。"对于红石坊,李文雅这样评价:红石坊则是一座以红石命名的商场,一座85%以上业户主营南红的商场。

"苏州南红专业委员会北京办事处在红石坊挂牌已近一年,尽管困难重重,红石坊还是在弘扬南红文化、促进产业发展方面做了些工作。"放眼明天,已是苏州南红专委会副会长的李文雅信心满怀:"是南红成就了红石坊的今天,我深信,红石坊会给所有参与者以超预期回报。"

鼎琛珠宝
点缀美丽保山

　　保山鼎琛珠宝城处于保山市隆阳区城市东大门——72米保岫东路东段的永昌兰苑中南侧。这里曾经是丝绸之路必经之地，东南亚及南亚的通关要塞，商贸聚散地的核心枢纽。

　　在保山市委、市政府建设美丽保山，打造"珠宝之都"的背景下，伟业房地产公司创办了鼎琛珠宝公司，并投资1.2亿元，在保山中心城市东城区入口处的黄金地段创建了鼎琛珠宝城。

　　珠宝城总面积约25000平方米，可容纳商户1460余家。分为三期"滚动式"经营法。其中一期经营面积15000平方米，于2013年9月14日隆重开业。公司以"传播文化，发展保山"为指导思想，坚持"完善一期，经营一期，繁荣一期"的经营理念，二期6000平方米和三期4000平方米将逐步筹划经营。

　　12年来公司以隆阳区城市东大门"永昌商贸园区经济带"的开发建设为导向，以"三张名片、地缘文化"引领市场为契机，着力打造鼎琛珠宝城。如今，由东向西，由内向外，珠宝城区域化门户位置日益强化，更显现出连接中亚两大市场前沿要塞之地的重要地位。

　　作为入滇第一站的地方旅游、红色旅游、住宿、餐饮为一体的旅游定点珠宝采购站，鼎琛珠宝城以保山的南红玛瑙为发展源头，将成为集公盘、加工、生产、销售为一体的大型珠宝服务基地及高端精品文化展示区。鼎琛珠宝城成为保山市打造的"三张旅游名片"工程中的珠宝之都之一，也是该市玉石产业迈出的关键一步。

　　据初步统计，目前保山中心城区有100家大大小小的珠宝店，它们分布在城区的各个角落，缺乏一个像鼎琛珠宝城这样规模的公司和珠宝城。伟业房地产公司意在建成一个珠宝规模经营企业，拓展珠宝经营模式，同时，也为该公司转型做积极探索。

　　依托良好的信誉、品质、品牌文化的拉动，未来，伟业房地产公司将走向多元化发展之路，实现从单一产业向多元化发展的战略推进。

活色生香

苦尽甘来　　　　　　花开富贵

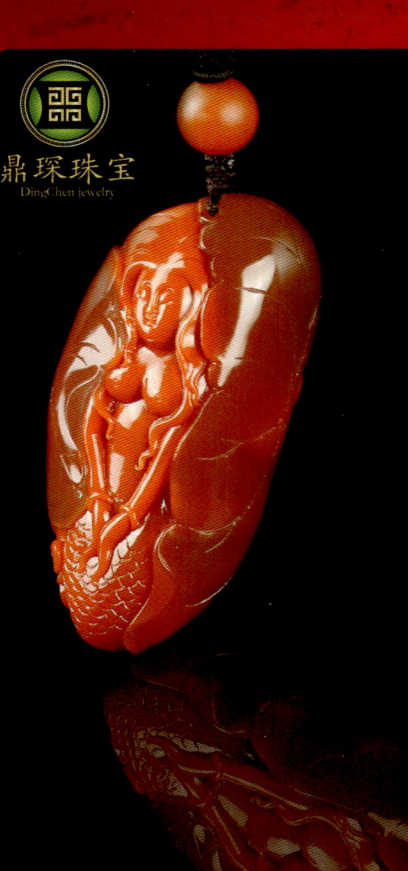

美人鱼

宋世义
雕刻要具文化精髓

张琳

他，师出名门，专攻国画人物和工艺雕塑；他，通读万遍名著《红楼梦》；他，国粹中感悟唯美雕刻人生，他就是中国工艺美术大师、中国玉雕大师、高级工艺美术师、全国轻工劳动模范、国家级非物质文化遗产玉雕传承人宋世义。

宋世义，毕业于北京工艺美术学校，20世纪60年代，他涉足玉雕业，师从王树森等前辈玉雕艺人，曾先后在清华大学美术学院、中央美术学院学习进修。在长期的刻苦钻研和不断的探索中，他以专业的文化理论修养、广博的知识兴趣爱好、扎实的雕塑绘画基础、丰富的实践经验，驰骋玉雕界。盛名之下的他因历史原因，被誉为玉雕界的"无冕之王"。如今，日益兴起的"南红"，再次让他驻足，开启了他雕刻人生的另一段篇章。

因"赤"结缘

2014年7月，宋世义再次来到阔别48年的南红川料产地，四川大凉山。"人与人，人与某个地方似乎有一种奇缘。"宋世义说，"1966年左右，我曾来过四川凉山，那时，我并不知道什么是南红，只是为了采风。"

凉山特殊的风土人情，带给宋世义不一样的灵感，他创作了几幅速写，署名"赤艺"，寓意红色艺术。如今，因"赤玉"故地重游，用南红创作新的红色艺术，也算是因"赤"结缘。

"红色在中国有着巨大的市场。"宋世义说，中国人爱红色真可谓是深入骨髓，人们甚至认为红色有超自然的驱邪作用，故把红色看成吉祥色，中国人本命年佩戴红色的习惯也说明了这一点。

这一抹红，不仅让南红在短短5年内价格上涨百倍，也让四川凉山成了众多南红爱好者蜂拥而至的地方。

但在宋世义看来，讨喜的颜色，只是南红备受追捧的原因之一，更重要的还是南红雕刻的艺术再造。

"高品质南红的出现为玉石雕刻提供了更丰富优秀的材料，为艺术创新增添了更多遐想的空间。"宋世义说，雕刻是展示玉石美感，阐述设计师思想的集合体。玉工很重要，必须为艺术表达服务，不能游离于艺术之外。如果没有好的艺术品位，工再精细，也会失于匠气，丢了精魂。

在宋世义看来，南红有着无法取代的玉雕优势，它能很好地体现出玉质感，充满表现力和创造性。但他同时也表示，雕刻要形式外化，不要内容深化。"作品是要给大家去欣赏的，它的表现仅限于在一方小小的玉石之上，有意境固然是好的，但不可让欣赏者去猜谜。"他说，让人看得懂的才是好的作品。

"只要料好、雕刻好，不必过度强调玉料的产地。"宋世义举例说，就像我们看一个人，不管他是黄皮肤、黑皮肤还是白皮肤，不管他是南方人还是北方人，只要人品好，就值得信赖。国标中的和田玉，其矿物成分都是透闪石，上手雕刻也没有太大区别，只要密度足够，雕刻过程中就不起皮，能够做得比较精细；如果料很松散，做的过程就会起皮起片，显得粗糙。同样，南红也是如此，只要料的完整度、色彩度和玉质感很好，

对话大师

宋世义

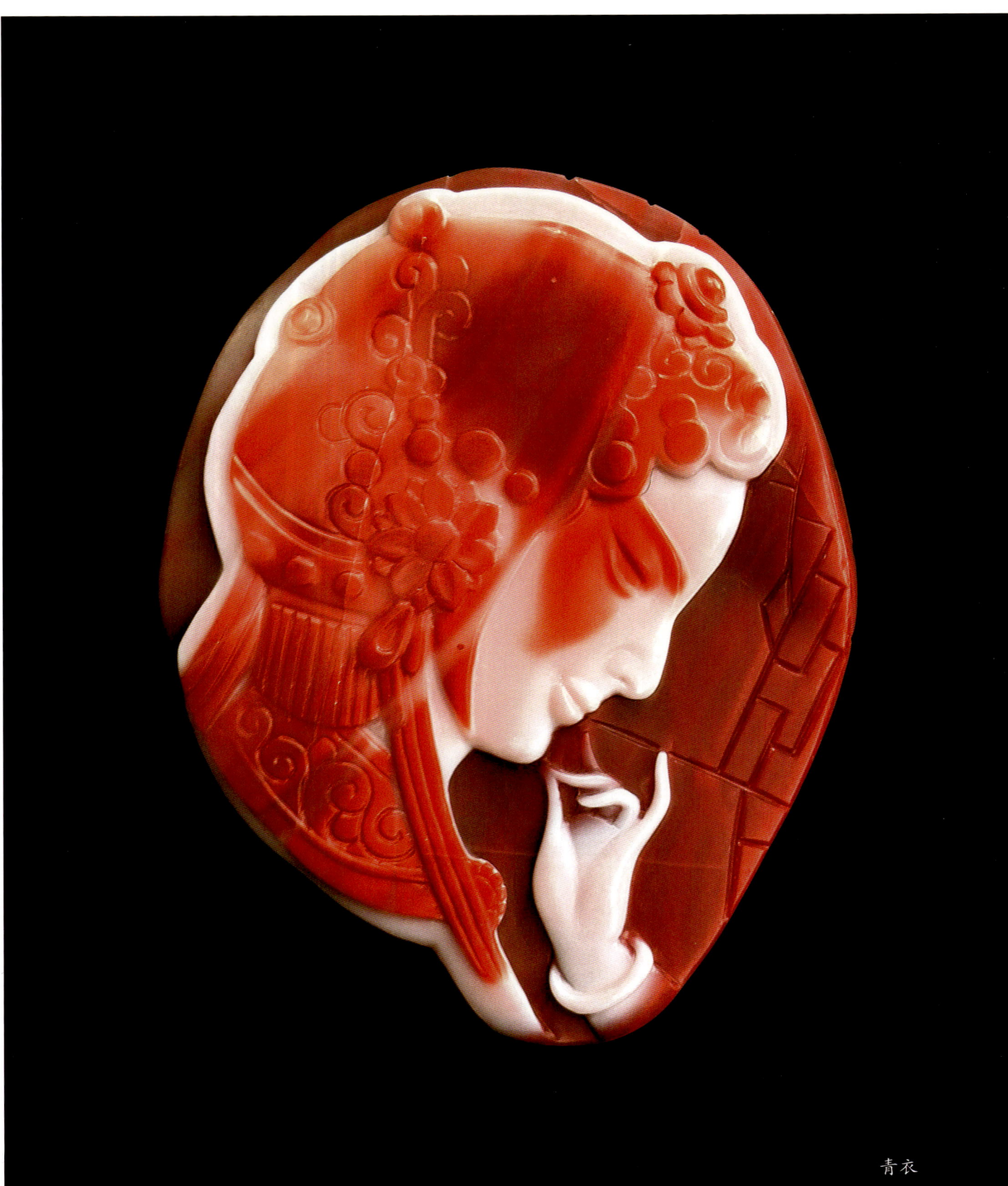

青衣

寿星

观音

产地也就不是很重要，关键在于玉雕的整体设计及表现力。

文化之红

2011年，随着四川凉山地区高品质南红矿的发现，收藏级别的南红作品又重新回到收藏界，也重新掀起了南红收藏的热潮，更激发了宋世义的雕刻创作热情。

宋世义一生酷爱国粹"京剧"，是个典型的票友，而他最钟爱的名著也是极具中国传统文化色彩的《红楼梦》，他用毕生的时间在揣摩中国的传统文化，京剧中的唱段，舞台上的动作，拂袖间的一颦一笑，《红楼梦》中的篇篇章章，每次的欣赏都是一次学习的过程，他的南红作品《青衣》就很好地体现了国粹文韵之创作精髓。

"具有文化内涵和思想深度的作品，在一个崇尚道义、国民文化素质高的社会，会受到大众的青睐，能满足人们的精神渴求。相反在一个崇尚物质利益的时代，必然受到冷落。"宋世义说，雅与俗不仅取决于作品的品质，更取决于大众的精神素养和欣赏趣味。世俗恰恰是艺术要表现的对象，优秀的作品都是世俗生活的写照，但又不沉溺于世俗生活，在超越中发现真善美，通过艺术加工，达到雅境。真正的艺术必定要有所升华，有所超越，有所觉悟。

宋世义还特别关心青年玉雕从业者的发展。在他看来，青年人要好好学习中国的传统文化，"这是我们的根，知道我们从哪里来又到哪里去，方知中华民族的伟大，华夏文明延绵不断。"他说，作为玉雕从业者，首先要文化认同、文化认知，才能达到文化自信、文化自觉、文化自豪，由此转为民族自信、民族自豪，才能实现国家复兴，实现中国梦。

同时，宋世义也表示，他不反对追求现代时尚，民族和传统也可以很时尚，与时尚是可以相辅相承的。

"只有民族的才是世界的。我们传统文化是一个大概念，包括儒释道、文史哲、戏曲、音乐、舞蹈、绘画、雕塑、书法、民俗、手工艺等。中华民族辉煌的5000年文明，令华夏子孙当之无愧地傲立于世界民族之林。"宋世义有些激动地说，"我希望当代的玉雕从业者，要全方面提升自身的文化修养，更多汲取中国传统文化精髓。因为雕刻是要重视阅历，设计的内涵要有文化的底蕴，而艺术，更是要尊重受众的时代选择。"

侯晓锋
竖起南红艺术新旗帜

田燕

如果说2011年以前,是侯晓锋在白玉领域扬名立万之时,如今,进入第三个黄金十年创作初期,他迎来了南红,这将是他艺术生涯一次新的突破,势必在南红雕刻领域树起一面新的大旗。

观音

在"一户侯"玉雕工作室见到侯晓锋时,着实让人吃了一惊,有着"弥勒侯"美誉的侯晓锋,与其雕刻的弥勒作品,不仅形似更神似。

"常笑真乐、宽人容己,是弥勒佛所传达给世人的感悟,我也希望能通过玉雕作品表达真善美。"侯晓锋说,"我一直在快乐地创作,这种快乐会随着你的作品传递给更多的人。"

2002年,侯晓锋在苏州创办"一户侯"玉雕工作室。正所谓十年磨一剑,大学毕业后的侯晓锋,从"中国玉雕之乡"河南镇平来到以"工巧"著称的"苏郡"。虽然从小耳濡目染,且有一定的美术基本功,但他初来乍到,人生地不熟,学习过程又枯燥,面临着不小的压力和挑战。

侯晓锋向来喜欢迎难而上,他勤奋好学,刻苦钻研,总比别人花更多的时间苦练基本功,同时他又善于思考,从最初的临摹,到不断揣摩加以变化,再到形成自己的风格,终以弥勒之形神兼备,一户封侯。

从学徒到扬名,再到艺术升华,侯晓锋用深厚的雕刻技艺,不断追求艺术创新的精神,不仅在白玉雕刻领域卓有成绩,更是勇于尝试新事物。

两年前,在朋友的推荐下,侯晓锋接触了南红,材质的变化,让他迸发出了新的创作激情。2012年,他的南红作品"独占鳌头""观音弥勒对牌"等,多次获得中国玉石雕刻"天工奖",在玉雕界刮起了一股南红旋风。

如果说2011年以前,是侯晓锋在白玉领域扬名立万之时,如今,进入第三个黄金十年创作初期,他迎来了南红,这将是他艺术生涯一次新的突破,势必在南红雕刻领域树起一面新的大旗。

田:您对南红的第一印象如何?

侯:2011年春节期间,一个朋友来访,跟我说最近玉雕市场上出现了一个"新宠"——南红。在朋友的口中,南红有着天然形成的红色,色泽饱满、丰富,质感细腻、温润,非常适于雕刻……朋友越说越兴奋,甚至决定到四川西昌去购买南红原料。

当时我是第一次听说南红,脑海中就浮现出曾经火过一阵的黄龙玉。我劝朋友,在市场前景不明朗的时候,不要冒险。但那时朋友热情高涨,执意要去。等朋友从四川回来,特意拿来了品质上乘的南红原料,希望我来雕刻。

田:那您雕刻后,对南红的看法有变化吗?

侯:我尝试用南红雕了一些弥勒题材的作品,让我意想不到的是,南红的颜色、层次和质感让弥勒的形象更加生动,有表现力,光彩照人,所以后来我又陆续创作了不少南红作品。

对话大师

侯晓锋

福在眼前

在我看来，玉雕作品真正的灵魂在于玉石本身。只有雕刻的图案足够彰显玉石的天然魅力，使之与玉石天然浑成，那么才称得上是件成功的作品。

田：从雕刻的角度来说，您如何看待南红？

侯：在南红领域，我也是一个学徒，但从这几年的雕刻经验来说，南红的表现力非常好，雕刻师发挥的空间更大。在我看来，南红色彩饱满，层次感强，更合适雕刻"弥勒佛"题材。但南红雕刻也存在不小的难度，切开后的南红呈现细小颗粒状，这种质地决定了它会比较脆，在雕刻过程中如果掌握不好力度会出现损坏，所以需要雕刻师在细节处理上更加注意。

田：有没有印象比较深刻的南红作品，在创作时又有哪些感悟？

侯：2012年，我的一件南红作品——"一夜成佛"，获得了中国玉石雕刻"陆子冈杯"金奖。这件作品在创作上还算是比较大胆的，作品正面刻画了一个弥勒佛的佛头，佛头右侧根据玉料本身的形状，雕琢成一片菩提树叶，取"叶"和"夜"谐音，取名"一夜成佛"。

其实很多人都问过我，为什么我的弥勒作品跟别人不太一样，没有大肚、没有布袋依然能传达弥勒之佛法禅意。其实很简单，一只佛手、一张弥勒佛的笑脸之中便蕴涵了一个大千世界，正所谓"一花一世界，一叶一菩提"，佛祖拈花示人，无声传达的正是对世间万物的慈悲和感悟。

以小见大，见微知著，雕刻不需要将弥勒佛憨态可掬的神情、滚圆的肚子、飘逸的袈裟和搭在身上的布袋等都刻画得面面俱到，只需一只佛手、一张佛面，就包含了弥勒佛的慈爱和玉佛禅意。

这也是雕刻艺术提升的必然过程。初时注重的是形象与技法，后来是意趣与情韵，现在越来越觉得，要把这些东西统统放下，唯有此，才能将"空"的特质凸显出来；唯有空，才能真正让作品有了"菩提心"。

田：您认为南红市场现在处在什么阶段？

侯：南红现在是有价有市，凡是美的东西大家都会有共识，这也是南红备受追捧的原因。这次南红的兴起可谓恰逢其时，白玉价位太高，南红成为了很好的一个"替代品"，最重要的是，苏工为南红的发展起到了关键性作用。但现在南红的价格上涨过快，长期来说会对整个产业有影响，因此，需要尽快制定相关标准，规范行业发展，同时，还需要从文化内涵到雕刻技艺对南红进一步挖掘和提升。

田：对于南红未来的发展您有什么建议？

侯：艺术是相通的，但不能照搬。现在南红雕刻还是沿袭白玉的手法，能不能找到适合南红的独特的雕刻方法，有没有它独特的语言去表达，这是现在需要去探索的。但不能为了改变而改变，需要遵循事物自身的规律，在此基础上进行艺术提升。

田：就您自己而言，未来有何规划？

侯：前几年我会对自己被贴上"弥勒侯""侯弥勒"的标签，而感到有压力，总想去突破，比如雕刻一些其他的人物形象、花鸟、动物等，但现在我体会到，还是需要更多地钻研自己的特色。对于我来说，弥勒佛的题材不变，但可以从造型上、款式上，甚至是更深的历史文化上，去做不同的变化。现在我的重心还是放在白玉上，但未来会设计雕刻一些更好的南红作品，也希望有更多的玉雕大师能参与南红的雕刻，只有拥有能够传世的好作品，才会让南红文化发扬光大。

玛瑙观音、弥勒对牌

财神

李仁平
国色南红堪比"三栖明星"

张琳

南红犹如和田玉般的温润细腻，冰南红也如翡翠般的通透起莹（如南红珠宝镶嵌），而在文玩界的独特应用更是突显了它的珠饰文化魅力，所以，南红在我眼中，好比"三栖明星"。

他是山水甲天下的广西桂林人，却在云南瑞丽扎根；他不善言辞，却在玉雕界享有盛名；他眼神犀利，却性格儒雅；他创品不多，却每每惊艳；他并未皈依，却常领宗教的博大精深，他就是被业界称为"玉雕书生"的李仁平。

如今，这位玉雕翘楚，有了"新欢"——南红，在他的眼中南红堪比"三栖明星"。

初识南红

2014年7月，李仁平出现在了大凉山，"其实我在雕刻翡翠期间一直就在找适合雕刻创作的其他玉石材料，就像翡翠中的墨翠、蓝水种那样，还有和田青花，但是一直都没有找到更适合我创作的主材料。"

2011年的一个偶然的机会，李仁平结识了南红，"被南红的独特色彩与质感所深深吸引，如柿子红、樱桃红、玫瑰红、冰红等，南红是最具代表性的红色系玉材。"李仁平回忆道，"1992年，我刚从事玉雕行业，那时候，就接触过玛瑙，也用一些玛瑙来做玉雕的学习材料。"

那时，李仁平用的玛瑙被称为雨花石，主要用来做俏色雕。在他看来，玛瑙雕刻有较好的表现力，它色彩丰富，质地坚硬，摩斯硬度达到7.5~8.0，这些都是优质玉石雕材料所具备的优点，但一直被玉石市场所低估。

"其实玛瑙就是玉石。"李仁平说，从字面来看，一般有王字边的字就寓意为玉。从中国历代来看，玛瑙一直有着很高的历史地位，自新石器时代起，红山文化时期就已经有了红玛瑙的器具，如弓箭头、玛瑙管，再到宗教文化下神圣的天珠、药师珠也都是玛瑙。

而南红历史随着研究的深入可以追溯到3000年以前的古金沙遗址出土的南红贝币，比白玉的历史还长。虽然有过历史断代，但是，不影响南红的历史传承。"美国大都会博物馆有30多件清宫庭流失的南红雕件藏品，多为保山红白料的作品，北京故宫博物院和台北故宫博物院也有南红藏品馆藏。而从宗教文化的传承中，'赤珠'的表述更是体现了它特有的文化魅力。"李仁平说，中国自古就以红为贵、黄为尊，如喜事、佳节、庙堂、宫殿，都以红色营造气氛，也体现出中国人的红色文化情节，因此，南红称之为国色最贴切不过。

南红玛瑙是因其产地而得名的，老南红具体产地只有云南和甘肃，2009年在四川发现有红玛瑙，因在西南方，其质感与传统产区保山南红有相似之处，目前也被称为"南红"。现代典型的南红产地主要是云南保山地区与四川大凉山美姑地区。

李仁平

良驹佩

"冠以佛教文化,发扬传承并进行深入的研究,更能进一步提升南红的文化内涵与品位。"李仁平说,只有不断了解与学习,梳理南红的历史和文化,方能发掘南红本身特有的文化艺术价值。

佛影

驾驭南红

"南红犹如和田玉般的温润细腻，冰南红也如翡翠般的通透起莹（如南红珠宝镶嵌），而在文玩界的独特应用更是突显了它的珠饰文化魅力，所以，南红在我眼中，好比'三栖明星'。"

李仁平介绍说，翡翠的颜色跨度大，要根据不同颜色和质感来表现作品风格的连贯性，并不是容易的事。而白玉相对来说，色泽较单一，作品风格的连贯性比较好表现，但雕刻出来的线条清晰度相对较弱。

"南红则不同，它的色彩、质地、料种特性，每一个因素都能把创意发挥到理想的状态。它也可以俏皮雕刻，俏皮雕刻不同于和田玉的洒金皮雕刻，南红包浆料的俏皮雕刻有种厚重古拙之感，纯柿子红的表现力给人以庄重典雅之气，而冰红水红色种则富有意境的表现。"李仁平说，如作品"澄明之境"和"唐马"就具有这样的表现力。

从颜色上来说，比如藏传佛教、唐卡艺术、老珠文化中，红色都是必不可少的主色系，左过云，藏民用南红老珠子磨成粉末代替其他红色颜料，来描佛身、绘唐卡；在佛珠中用南红代替珊瑚和朱砂，赤珠就是源于此处，而在其他的佛教珠宝、配饰中南红也有着自己举足轻重的位置。

面对未来南红艺术的发展之路，李仁平很冷静，他说在未来的雕刻时光里，会尝试其他更多艺术主题方面的作品，不局限于佛像艺术门类。

"冠以佛教文化，发扬传承并进行深入的研究，更能进一步提升南红的文化内涵与品位。'李仁平说，只有不断了解与学习，梳理南红的历史和文化，方能发掘南红本身特有的文化艺术价值。

"如今南红的艺术大门再次打开，唯有摒弃浮躁与功利，发扬工匠精神，国色南红才会迎来健康蓬勃发展的新天地。"

陈在兵
南红缘人致力中国南红走向世界

田燕

陈在兵，一条铮铮铁骨的中国汉子，从退伍军人到保安公司老板，从摆地摊卖南红的小贩，发展到全国拥有13家连锁店，年营业额几千万元，创建了左玛国际珠宝（北京）有限公司，任董事长。陈在兵的事业经历，既惊心动魄又充满传奇，尽管曾自嘲属于"误入南红界的陌生人"，但他却把弘扬南红文化视为毕生追求的事业。

人生，因选择的众多而困惑，尽管人生路漫长，但关键处却只有几步；人生，因正确的选择而精彩，刹那间一个潜意识的举动，或将成为铸就人生辉煌的基石。

陈在兵，一条铮铮铁骨的中国汉子，从退伍军人到保安公司老板，从摆地摊卖南红的小贩，发展到全国拥有13家连锁店，年营业额几千万元，创建了左玛国际珠宝（北京）有限公司，任董事长。陈在兵的事业经历，既惊心动魄又充满传奇，尽管曾自嘲属于"误入南红界的陌生人"，但他却把弘扬南红文化视为毕生追求的事业。

作为最早一批接触南红的经营者，陈在兵的南红之路充满曲折，但在他的心中一直有个信念：南红沉淀着古老华夏人文的精髓。希望通过众缘的共同努力，将南红培育成世界珠宝界的"卡地亚"，让中国南红成为中国文化元素的重角走向世界。

逆境入行

"南红再次赢得藏家青睐是近几年的事，如果把它比作一个人的话，现在只是五六岁，当到了豆蔻年华，才会出落得亭亭玉立，有更多的人了解到它的美。"陈在兵的言谈之间，充满着对南红的挚爱。

在接触南红前，陈在兵经营着一家保安公司，生意还算不错。2008年上半年，一个四川彝族战友找到陈在兵，说父亲病重要借8万元，并带了两麻袋多红色的"石头"当作质押。

战友情深，陈在兵二话没说就把钱借给了战友，而他，并不知道这些红色的"石头"就是南红。

本来说好半年后还钱的战友，却自此音讯皆无。为此，陈在兵没少挨爱人埋怨，毕竟，当时的8万元对他们也不是小数目。

在窝囊与无奈的纠结中，陈在兵想起了堆在库房里的那两麻袋"红石头"，他带着"红石头"来到潘家园古玩市场，摆起了地摊。

第一天，一块也没有卖出去；第二天上午，仍无人问津。陈在兵有些沉不住气了，心想自己大小也是个老板，现在在这儿摆地摊，要是被下属看到了，该多丢人？他暗下决心，今天要是再卖不出去，就再也不摆摊了。

下午5点左右，正当陈在兵准备收摊时，一个老先生拿起一块"石头"问价。陈在兵头都没抬——他压根就没想过会有人买——随口报了"20元一克"。结果老先生连价都没还，直接挑了五六块原石，陈在兵一称，总价要28000多元钱。老头数好钱，递给陈在兵。

幸福来得太突然，陈在兵有些发蒙。

他不动声色地问老人为什么会买这些"石头"？老人说，自己是台湾人，认得这种"石头"，是天然形成的红色玛瑙，当时市场上已经称其为南红了。

老人刚离开，没想到一个小伙子又凑了过来，买了一块价值3000元的原石。原来，小伙下午已经来过两次了，但都没有出手买。小伙子会雕刻，他告诉陈在兵，南红经过雕刻会更加出彩，产品附加值自然也会更高。

名家风采
2015 年度最具潜力的南红玉雕师

陈在兵

秋山无云复无风（正）

秋山无云复无风（反）

一下午卖出去3万多元，陈在兵很是兴奋。才几块南红就能值这么多钱，而他还有两麻袋，按照这样的速度，不是很快就发了吗？当然，小伙子的话给了他启发，他决定把剩下的南红原石都拿去雕刻。

陈在兵先在网上搜索，看谁会雕刻，最后找到了一个雕翡翠的师傅。他说自己有一些南红，问师傅能否雕刻。那人满口答应，并保证一定没问题，但是雕一件要收3000元。

"当时不懂，又对传统艺术怀有尊敬之心。"陈在兵连价都没敢还，直接把两麻袋南红都拿过去了。

100多块原石，雕了三个月，终于完工了。本来满心欢喜去取成品的陈在兵，却遭遇了当头一棒。"一结算，要付56万元。"陈在兵说，那个时候，也顾不上许多，只能硬着头皮还价，最后付了43万元。

"以现在的眼光看，当时雕的这些南红完全是不入流，简直就是浪费材料。"陈在兵现在说起来很是懊悔，因为这一次，他把干保安公司攒下的家底全都砸进去了，面对这堆雕好的南红，他又开始发愁了，怎么卖呢？

有心人，天不负。夫妻俩几经周折，打听到在天津的沈阳道可以卖，但需要提前去占摊位。两人提前一天赶到天津，找到宾馆住下后，兴奋得几乎一夜未眠。凌晨4点，两人就到了集市，铺了一条长长的床单，把放在盒子里的南红都摆上。

这时，天已经有点蒙蒙亮了，忽然来了10多个人，大家说这个好，那个也好。就在陈在兵暗自窃喜"生意肯定不错"的时候，一抬头，发现盒子空了一半，里面的雕件不见了。

两人蒙了，陈在兵抓住一人，跟其理论，但人家死活不承认偷东西。就在理论的工夫又丢了不少，他只好去报警，留下爱人一个人看摊。等他回来时，盒里的雕件已经所剩无几，两人只好草草收摊。

那一天，不仅一个南红都没卖掉，还损失惨重。"当时的心情真是无法用语言形容"。回到宾馆的陈在兵，抽起了已经戒了4个月的烟，经此一役，他只能把南红暂时放下了。

峰回路转

调整了两年多后，陈在兵的保安公司接了几个大项目，又攒了点钱。在他心里，并不满足于做保安公司，而是希望开创一项事业，既有利于个人事业的发展，又有利于团结凝聚家人，乃至传承家族精神。

2010年下半年，陈在兵在电视上看到一个"寻找天价玛瑙"的节目。看着那艳丽的红色，他心中那团红色的火，又重新燃了起来。他与爱人达成共识：在哪儿跌倒的，就要在哪儿爬起来。

在陈在兵看来，在南红上吃亏受骗，就是因为不懂。这次重新进入南红行业，首要任务就是学习。他开始收集各种关于南红的资料，只要有南红的只言片语，他都不放过。

"'宕中有水养之，其晶莹紧致，异于常蔓，此玛瑙之上品，不可猝遇。'这是《徐霞客游记》中，对南红的记载。"谈及南红的历史沿革，陈在兵如数家珍，在出土的战国贵族墓葬中，已

名家风采
2015年度最具潜力的南红玉雕师

左玛南红北京总店

经有南红玛瑙串饰了，如云南博物馆馆藏有古滇王国时期的出土南红饰品，北京故宫博物院馆藏的清代南红玛瑙凤首杯更是精美。

"在红绿灯里，总是红灯最为显眼，而且中国人对红色有着特殊的感情。更神奇的是，南红还具有入药保健的作用。"陈在兵介绍，《本草纲目》记载：玛瑙屑甘平、无毒，主治胃中热，喘息烦满，止渴，屑如麻豆服之，久服轻身延年。润心肺，助声喉，滋毛发。滋养五脏，止烦燥。

一说到南红的各种好处，陈在兵就兴奋得停不下来，也正是随着对南红的深入了解，他认定，南红未来一定大有可为。

也许注定了陈在兵与南红有缘，正当他下定决心要把南红当成事业发展时，之前消失的战友，又给他打来了电话。

"原来战友赌博把钱都输光了，感觉对不起我，说家里还有些南红的存货，希望我去看看。"陈在兵说，那时南红的价格已经涨到每斤一两千元，他没有犹豫，一下买了几十斤原料——正是这批原料，让他赚了二三十万元。

在逐步认识南红原料后，陈在兵知道了南红最知名的还是保山料，他决定去云南保山看看。

"当时就在网上找了两个人的电话，

等我凌晨3点多到保山时，给这两人打电话，没想到其中一个叫赵志华的，真的到机场来接我了。"这让陈在兵从心里感受到了地灵人杰的美丽保山和土著保山人的诚信厚道，陈在兵认定，赵志华——这是能处一辈子的朋友。

第二天，赵志华带着陈在兵逛保山的玛瑙街，结果碰到一个卖雕件的，在店主一番天花乱坠的吹嘘后，6000元一件的雕件，陈在兵又买了60件。结果，回到北京，这批雕件根本卖不出去。

"好多都赔钱卖，直到现在还有好多放在仓库呢。"陈在兵笑着说，也正是"失败"，让他彻底下定决心，不能再吃雕件的亏，要自己掌握主动权。

培养自己的设计师，雕刻自己满意的作品。新人新思路，陈在兵招聘了一批美院的学生，让他们按照自己的想象去设计南红，"他们更有想象力和创造力，不是一味地模仿，而是结合中国传统文化去创造独特的意境。"陈在兵自豪地说，"现在只要是我工作室的作品都非常受欢迎。"

如今，"天工奖""百花奖"等大大小小的奖项，陈在兵都得过了，让其印象最深的，就属"溪山行旅"了。

"这件作品，重达1190克，是目前发现的最顶级的锦红料。"陈在兵说，因

拜佛

溪山行旅

南红手镯

为"天工奖"评的是雕工,所以这件作品只得了银奖,但对于我们工作室这些年轻的设计师来说,已经是很高的褒奖了,同时也激励我们向雕刻大师们看齐,做出更多更好的作品。

陈在兵坚信人活着不仅是为了钱,而是要有信仰。南红既有历史的传承,又有精神的升华,未来的发展潜力不可限量。

认定了南红的陈在兵,开始大手笔投入,甚至把自己仅有的两套房子都卖了。"全家人都反对,说我是败家子。"他坦言,当时真的是顶着巨大的压力,但他当时已经没有退路。

陈在兵拿着钱到保山,一条街上三四家的南红原料都被他买断了。"当时有不少冷嘲热讽,说我是傻子,有钱没处花,买一堆没用的石头。"今天的陈在兵谈及往事,至今仍难掩兴奋。

艰苦的付出,终于获得丰厚的回报。南红的发展势头不负所望,一路飙红。如今,陈在兵在全国拥有13家分店,年营业额几千万元。

"现在我们全家基本上都在经营南红,我刚来北京打工时的老板也在我的带动下,开始经营南红。"陈在兵坦言,入行南红得到了"多赢":自己的家庭更加和谐友爱,身边的朋友越来越有成就感,跟着他一起成长起来的客户也都获得了财富升值。

放眼世界

从保山进回来的雕件没卖掉,但陈在兵却在保山缘遇了一个一辈子的朋友——赵志华。赵志华听了陈在兵的情况,就慷慨地把自己家里的存货寄给了他。

"他寄给我的那批货里,有个3.0滴水洞的大珠子,真的是太美了,当时3.5万卖了,现在再也找不到那么好的珠子了。"除了珠子,陈在兵至今都念念不忘的,还有同时寄过来的一些原石。

其中一块料子卖了5万元,但后来客户嫌贵,退了回来,过了段时间,陈在兵以20万元的价格将这块料子又卖回了保山;另外一块,4.5万元卖给了一对夫妻。

当时,这对夫妻只是在店里随便逛逛,但那时的陈在兵对南红已经着迷了,遇见谁就跟谁讲南红的好处,并向他们推荐这块原料,要价5万。夫妻俩也不知听懂没听懂,就走了。

没想到第二天夫妻俩又回来了,说真心喜欢这块南红,卖掉了家里储藏的黄金,又东拼西凑了点,只有4.5万元。看着有人对南红这么认可,陈在兵二话没说,就将这块南红卖给了夫妻俩。

一年多后,夫妻俩带着客户来陈在兵店里买南红,陈在兵跟他们商量能否把那块南红回购回来,价格都出到了十几万,仍遭到夫妻俩婉拒:"买了这块南红后,我们生了个儿子,想把这块南红传给儿子,并希望能一直传承下去。"夫妻俩的话让陈在兵意识到一块南红的意义,已经不再是简单的商品,而是爱的传承和精神的寄托。

"现在大家所熟知的南红颜色有锦红、柿子红、玫瑰红,但其实南红有上百种颜色。"最早写文章阐述南红颜色划分的就是陈在兵,不仅是颜色,南红还有很多的细分品种,都没有被开发。例如蚕丝玛瑙,现在还处于人们的价值盲区,但随着人们对其认识的加深,一定会有更多的人喜欢它。就像翡翠,一开始人们都喜欢满绿,但随着审美等各方面的变化,玻璃种等都受到追捧。

除了对南红原料的开发,陈在兵现在把更多的精力都放在了镶嵌工艺上,"我就有一种非常简单的想法,要让中国的南红走向世界,把左玛南红培育成中国的'卡地亚'。"陈在兵清醒地意识到,南红在珠宝设计上还有很大的差距。他自信地表示,一旦资金充足,会引进一些国际级的设计师,将南红的设计带上一个新台阶。

"南红目前仍处于价格洼地。"陈在兵说,一家知名黄金珠宝企业曾从他这挑选了一个顶级南红戒面镶嵌在皇冠上,同时又用帝王绿的翡翠也镶嵌了一个皇冠,两件作品起拍价分别为38万和2000多万,最后南红皇冠以80万成交,而帝王绿的则流拍了,这说明南红的市场价格和价值,还有非常大的上升空间。

"保山南红就像父亲,凉山南红就像母亲,共同孕育出一个叫南红的孩子,我们要共同努力把她培养成才。"作为苏州南红专业委员会副秘书长、保山南红协会副会长和中国南红协会副秘书长,陈在兵希望能联合所有的业内人士,倡导良性开发,提高人才素质,共同致力于南红的可持续性发展。

【对话陈在兵】
信仰、精神、文化是南红文化的三大核心

经过最近几年的快速发展，南红产业的研究和发展虽然取得了一定成绩，但是，对于广大的南红收藏、爱好者而言，南红材质优劣、雕工水平高下、文化内涵多寡，是横亘在面前的"三座大山"；同样，对于南红的众多投资性收藏者而言，南红的价格走势、市场潜力、普及范围，都是与其紧密相连的"焦点问题"。

鉴于此，作者约请"左玛南红"总经理陈在兵，对南红收藏爱好者感兴趣的问题，逐一回答如下。

田：南红如何得名？

陈：南红玛瑙一词并不是自古就有的，至少20世纪90年代还没有风行起来。云南保山的南红最早被发掘熟悉，也最先被皇宫贵族所喜欢。保山矿脉是清朝皇家专属的南红产地，专供皇室开采。其他产地的南红矿质，没有云南保山产出的尊贵，以是业界统称云南四川此类玛瑙为'南红'。

田：云南保山料有何特点？

陈：据传，南红玛瑙在清代乾隆年间曾一度绝矿，直到2009年，四川凉山新矿被发掘后，才让南红玛瑙从又回归人们的视野。现在，市面上的南红主要产地为云南保山老矿和四川凉山新矿。

保山的南红玛瑙矿脉属于沉积岩，泛起层状蔓延，离地表较近，故储量不少，但在几千年的地壳行为和腐蚀风化进程中，发生了不少断裂，有些甚至变成碎渣，这就造成了保山料多绺裂的征象。保山料的绺裂较为严峻，镌刻起来有一定难度，所以保山料的雕件更显珍贵。如今，行内人士正联系艺术院校，研究攻克保山料多绺裂的镌刻技术，这一难关如获得突破，南红的市场价值将会更高，市场空间会更大。

云南保山南红有两个主产区——杨柳乡和东山。杨柳乡就是《徐霞客游记》中记录的南红产地，这也让人们曾一度产生了误解，以为杨柳乡是保山南红的唯一产区，其实不然，保山

虎头

玉雕大师王朝阳（右）到左玛南红店共同探讨南红雕刻事业的发展

四周环山，山上都有南红产出，只是杨柳乡和东山产出较多。

杨柳乡在保山西面，所出南红料多混合在玄武岩中，品相较好，色艳而韵足。东山顾名思义，位处保山之东，包括了几个州里的几十个巨细不一的坑口。东山所出的南红料是在土壤里，但又不像川料呈椭球状。与杨柳料相比，东山料裂较多，完备度不高。

田："南红凉山料有何特点？

陈：四川凉山有四个主要产区：九口、乌坡（又称为庆恒乡）、瓦西、联合（又称为洛莫依达乡）。

九口位于美姑县西南，该坑口出产的南红是凉山料规格最高的，且较易出"大料"（大块料），具有完备度高、少绺裂、颜色艳丽、质地油润等特点。

乌坡是2011年上半年开始发掘的新坑，因此较少有人涉足，位于昭觉县东北部。出产的南红比九口料稍差，颜色均一，且多为纯正的艳红，有较大的原料出品，但完备度较低。

瓦西坑口位于美姑县东部，产出的南红颜色均一性较差，重量较小，鲜有500克以上的原石出现。

联合位于美姑县南部，坑口在地表或接近地表的浅层，较易开采，因此发现得较早。联合产出的南红两极分化严峻，好的极好，差的极差。联合料通透性较好，用行话叫"水头较大"，顶级的联合料也被用来冒充保山料。现在，市面上70%的戒面是用联合料，30%用杨柳料，而杨柳料比联合料戒面的价值却

高出10~20倍，因为联合料虽然水头足，但保山料更加厚重，胶质更感强。

田：南红玛瑙如何分级？

陈：其实南红各种料子都有精品，精品的投资潜力都很高。南红玛瑙的品级由颜色、质地和花纹3个部分组成，颜色越是红得鲜艳纯正、质地越油润无杂的越好，花纹由于可以用来巧雕，因此要根据实际情况来判断，具体可以分为：锦红、柿子红、玫瑰红、樱桃红、冰冻、红白、蚕丝、冰种。总的来看，市场价格依次递减。

锦红：最为珍贵，往往可遇而不可求。锦红料均匀无瑕、细腻润泽，以红得纯正、艳如绸缎而闻名，市面上非常少见，收藏爱好者一旦遇到可以果断出手。南红发展很快，几年前无论什么品质都是几百块钱一堆、几千块钱一斤这样卖的，现在则达到了十几万元一斤。

柿子红：较锦红次之，颜色偏黄，类似于成熟的柿子，故名柿子红。柿子红是目前市面上最常见的高端南红料，经常被制作成珠串、成面、雕件等产品，也属于收藏投资潜力比较大的品种。好的柿子红珠子可以达到几万元一颗，而雕刻大师制作的雕件则能卖到上百万元一件。

玫瑰红：颜色比柿子红沉稳，略微带紫，犹如盛开的玫瑰，比较受事业有成的成功人士喜欢，目前原料的市场价格约在10万元一斤。

樱桃红：颜色虽比较鲜艳，但是透光度比较高，行话称"水头足"，看起来更加清爽亮丽，很受年轻一代欢迎，经常被用来制作成带有时尚风格的珠宝首饰。价格不如前三者，正处在崛起之势。

冰冻：冰冻料顾名思义，像果冻一样，带有透明度非常高的部分。这种南红料灵性十足，最适宜进行巧雕，能充分发挥雕刻者的创造性，因此正越来越为玉雕大师们所青睐。受上述因素影响原料价格可能不高，但是成品雕件却价值不菲。

红白：南红中有一种红玛瑙和白玛瑙混合在一起的矿料叫作红白料，这种料虽然红白混合在一起，但是往往泾渭分明，红色和白色能够明显区分开来，也很适合巧雕，但是灵性不如冰冻料，故价格略低于冰冻料。

蚕丝：红白二色混杂程度较高，呈现丝状或层状，形成像蚕丝一样的花纹，这种南红料叫蚕丝料。蚕丝料在南红矿中储量巨大，目前还没有开发出比较好的利用技术，因此价值不高。

冰种：冰种就是纯透明不带颜色的南红料，是最近新开发的一种品种，往往被用来加工成珠子，佩戴起来干净清爽，又不像水晶一样活泼张扬，能将女性温柔妩媚的风姿充分体现，刚一出现就很受女性消费者喜爱。市面上一串普通的冰种"一百零八颗"项链价格在一两千左右，顶级的则能达到上万元。

田：请谈谈南红的文化历史价值。

陈：在距今3000年的成都金沙，中国最为灿烂的青铜文明之一古金沙国。某一日，某位金沙国的能工巧匠沿用了三星堆先民使用贝币的传统，制造出了当前存世最早的一件南红制品——南红贝币，这枚贝币现在被保存在古金沙博物馆。

时间流淌至距今2500年，伴随着古金沙神秘的销声匿迹，同样神秘的古滇王国慢慢兴起，他们有了和南红产地更加接近的优势，包含了为数众多的南红的红玛瑙的使用似乎贯穿了整个古滇王国500年的历史。自此以后，南红在古滇王国的历史中就很常见了，南红被制造成了各种各样的长素管，有的甚至饰以来自古印度河谷的蚀花技术。

古滇王国灭亡了，南红这种材质却仍然在今云南地区保留了下来，但是通常我们认为在公元1世纪到10世纪这900年中的云南以外地区几乎没有发现，仅仅在草原丝绸之路的零散遗迹中有所发现，这些南红珠子通常缺乏有序的地层资料借以参考断代。

我们迄今所知古滇王国后最早的非云南的南红珠就是扁圆南红多棱珠（也就是我们所说的南瓜，以下也简称南瓜），我们通常把南瓜断代为宋辽时代，但这个断代只是古玩行意义上的断代，并不代表实际的年代，至今还没有找到任何考古资料为这种论点找到支撑。据揣测，这种断代方法是源于南瓜这一特殊形制，在大陆乃至港台的诸多权威出版物中，都根据宋代出土的诸多南瓜琉璃珠为这一形制进行断代。而实际上，这种南瓜形制最早见于古埃及，在我国的历史也起码可以追溯到战国，并且这种形制在明清的琉璃珠中也不少见。时间跨度长达

2000余年，根据这点进行断代明显不具有科学性。

剩下的历史几乎就是每个南红爱好者耳熟能详的了。南红作为深海红珊瑚的替代品正式走上藏区的舞台。由于西藏使用的红珊瑚全部为所谓倒枝珊瑚，只产于日本海峡和台湾海峡，贸易的相对困难和本身珊瑚材质的珍贵决定了红珊瑚只是属于西藏高层的奢侈品，而广大的藏民也同样需要这些红色的寄托，于是南红真正的以批量产品的形式登上历史舞台，成为众多信徒的随身配饰。这种情况至早结束于清晚期，伴随着我们通常认为清晚期南红矿藏的枯竭，南红珠子的制作才基本告结束。

其中值得书上一笔的是南红走入清代宫廷，由于西藏文化对于清廷的巨大影响，特别是雍正个人在相当长的时间里或喜爱或无奈地沉浸于西藏文化之中，南红伴随着西藏文化之中走入清廷也就变成了相当理所当然的事情，至迟在雍正元年（1723），南红走入清廷，记载其品种的名字叫作"红白玛瑙"（《清宫内务府造办处档案总汇》）。

田：您曾经说过"南红玛瑙价值尚处低谷，未来价格还将攀升"，是什么原因让您做出如此判断的？

陈： 随着全球金融危机影响的波及，南红行业进入2015年后开始洗牌，不理解南红的人将逐渐出局，而一大批高素质的藏家正在慢慢进入。毕竟，经过近10年快速发展，各界对南红的认知和了解期已经过去，正迎来新的发展阶段。与其他宝石相比，南红具有鲜红的颜色、稀罕程度、耐久度毫不逊色！加之南红承载着中国5000年文化精华，必定会成为中国人精神领域的象征和骄傲。

目前南红玛瑙还处在价值洼地，其价格未来还将攀升。首先市场火爆。中国自古就崇尚玉文化，南红玛瑙也属美玉之一，自然受人喜爱。古人还用南红玛瑙入药，养心养血。南红玛瑙还是佛家七宝之一，佛家七宝中的赤珠即是指的南红玛瑙。如此诸多原因，都使得越来越多的人开始认识南红、喜欢南红，自然对南红玛瑙的需求量也就越来越大，市场火爆将直接导致价格攀升。

其次物以稀为贵。南红玛瑙产量有限，好的南红玛瑙更是非常稀少。南红玛瑙是我国独有的品种，产量稀少，在清朝乾隆年间就已开采殆尽。目前随着地质勘探的发展和新的矿脉被发现，市面上的南红玛瑙主要为云南保山和四川凉山的新矿。千种玛瑙万种玉，虽说全世界很多地方都有玛瑙出现，但是真正像南红玛瑙这样有"玉质感"、细腻、颜色好的玛瑙，就只有中国有。

再次雕刻大师提升艺术附加值。南红玛瑙正逐渐进入雕刻大师的视线，成为雕刻大师艺术创作的原料。我国每年的"天工奖""百花奖"，从去年开始出现了以南红为原料的参赛作品，获得金奖的作品也出现了，包含著名雕刻地区——苏州在内的很多雕刻大师、大家都在雕刻它。南红正逐步走上艺术领域，走上文化传承的道路，因此，南红的发展趋势是越来越好，极有可能，在今后的10年之内，南红将有翻天覆地的变化，不但中国国内将有很好发展，还会发展到国外去。

最后南红玛瑙品质可比肩翡翠白玉，但是价格远远不如翡翠白玉，普通老百姓也可以买得起。现在半个手掌大小的和田

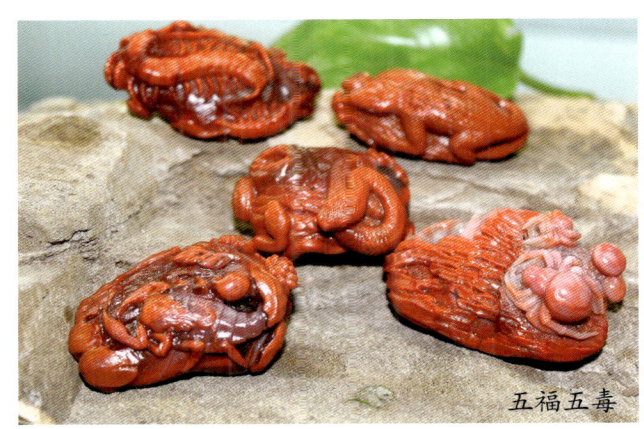

五福五毒

羊脂玉，或者翡翠、帝王绿价格可能都在上百万甚至上千万元，但是南红也就几万块钱就能拿下，所以这个价位目前还不是很高，如果手里有闲钱，可以收藏一些，将来升值空间是非常大的。

田：南红现在有行业标准吗？

陈： 业内人士正在组织对南红玛瑙矿产资源的开发，并加紧新标准的出台。据了解，保山市质量技术监督综合检测中心编制的云南省地方标准《南红玛瑙》，由云南省质量技术监督局批准发布，并于2014年2月10日起正式实施。

这是好事，更加规范的标准预示着市场更加规范的发展，一个混乱的市场只会把一个产业做死，受伤害的不仅仅是消费者，同时也是诚信经营的一大批商家。只有更加规范，才能形成良性竞争，才能让更多人放心地投入进来，带动整个产业的良性循环。

田：怎样挑选南红？

陈： 首先要看颜色，南红玛瑙分为锦红、柿子红、玫瑰红、樱桃红、红白料、冰种等几种颜色。南红玛瑙颜色细分可以达到十几种，其中锦红是最好的，就是类似于绸缎的那种红色，价格最贵，但是往往可遇而不可求。现在市面上消费者比较常见的高档南红是"柿子红"，以收藏来讲也是柿子红性价比最高，以后收藏柿子红就像翡翠里面收藏帝王绿、和田里面收藏羊脂玉一样，最能保值。但也不是其他颜色就没有价值，其实南红只要漂亮、颜色均一，都有收藏价值。其次要看雕工，好的南红玛瑙再配上名家大师的雕刻工艺，就可以让价格"锦上添花"。再次要看质地，要挑选无绺裂，杂质少，质地均匀的。

田：怎样保养南红？

陈： 南红玛瑙的保养很简单。南红玛瑙属于天然宝石，由火山喷发而形成，不会褪色，对化学用品的承受力比象牙、珊瑚等有机宝石要高。1个月之内，用清水加入少量盐，浸泡24小时就可以正常佩戴。最重要的一点是不要放在高温环境里，温度超过七八十度就会爆裂。其实最好的保养就是佩戴，通过佩戴把玩形成包浆，它会越滚越好，越戴越亮，这是它最美之处。

（部分资料来源：中国文物网）

赵靖玥
勇做南红探路者

田燕

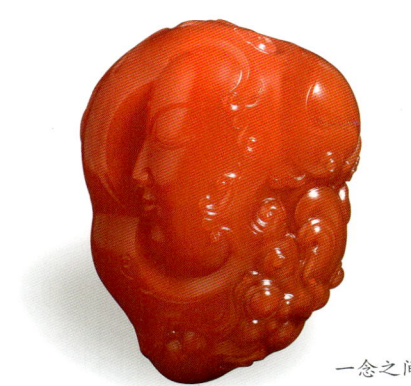

一念之间

"南红未来的发展趋势将无法估量。"被誉为南红玛瑙发现人的赵靖玥充满信心地说,随着越来越多的玉雕师参与南红的创作,必将出现一些工料俱佳的作品,这些作品才是真正值得收藏的。

作为掀起这轮"红色浪潮"的第一人,赵靖玥历经艰辛,探索到了川料南红的原产地之一;为更好地创作南红作品,又放弃高薪工作,创立自己的工作室,潜心研究南红的设计制作;在获得无数荣誉后,他并不满足和拘泥于现状,希望探索出更加适合南红的雕刻风格,做出有灵魂、有思想的作品。对于赵靖玥来说,勇做南红的探路者是其一直努力的方向。

启蒙

在赵靖玥的童年记忆里,跟着父亲一起在苏州古玩市场"淘宝",是最开心的事情,那些充满历史感的老物件,更是在他心里留下了美好而深刻的印象。但那时的他从没想过,自己以后会潜心从事玉石行业。

"大学的时候就喜欢和田玉,奇石、玛瑙之类的也有涉猎。"赵靖玥说,但那时也就是凭着爱好,自己会尝试买点玉石原料,找苏州做得好的工作室加工制作。那些作品,除了留点自己喜欢的,其他的基本上都以藏养藏了。

大学毕业后,赵靖玥成为了"IT男",但在工作之余,他依然会做点玉雕的小买卖,一是在与各个玉雕工作室的交流中,学习玉器的设计制作,二是权当挣外快。与此同时,他还利用自己的网络优势,通过网站、论坛、QQ群等渠道认识了不少志同道合的朋友。

"川料南红就是通过QQ群发现的。"赵靖玥说,2008年,一个北京的商户,在网上发了一些南红的图片,我觉得这个料子很不错,跟已知的保山料不太一样,就跟他联系,希望到北京去看看。但那时我还在上班,这件事情便搁置下来了。

但南红的身影一直在赵靖玥的脑海中挥之不去,3个月后,他便踏上了去往北京的旅程,"到北京并没有见到最初跟我联系的商家,她给我介绍了另一个人。"他说,到了另一个商家那儿,只见地上堆了一堆原料,基本没有开口,或是只有很小的开口,对方要价几百元一斤。

赵靖玥也不含糊,买了二三十斤原料,运回了苏州。"这批料开出来后,大部分不是很好,但有一小部分质地还是不错。"他便拿着这一小部分,找到苏州较为知名的玉雕工作室设计制作。

"以前大部分人玩的是老南红,新南红很少,工艺更是几乎没有。"赵靖玥说,当他把雕刻好的南红发到网上时,一石激起千层浪,受到众多爱好者的好评。在他看来,大家有这样的反馈一点也不奇怪。在中国的历史长河中,玛瑙一直备受追捧,雕刻工艺出众的话,作品会非常有冲击力。

名家风采
2015年度最具潜力的南红玉雕师

赵靖玥

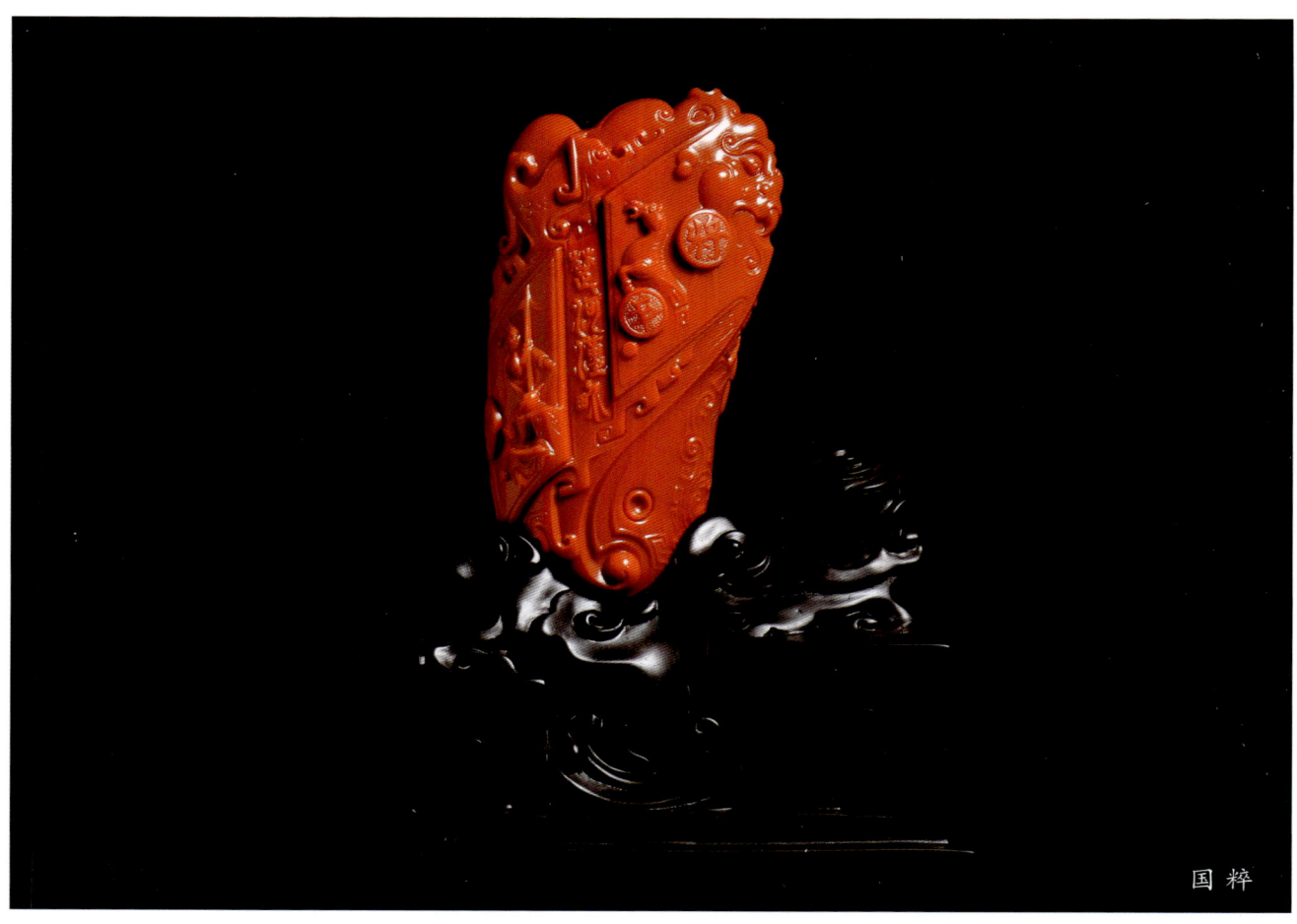

国粹

因为优质的材料有限，赵靖玥手中的南红作品已经供不应求，那时，他已经萌生了把南红当作未来事业发展的念头。那么摆在他面前的最重要的问题，就是弄清楚这种川料南红原产地到底在哪里，产量到底有多大。这时，另一个人——刘仲龙的出现，让赵靖玥的"探宝"之旅提上了日程。

探索

2009年，刘仲龙从网络得知赵靖玥在做南红雕件生意，便通过网络联系上了。当刘仲龙来到苏州，见到南红雕件的实物后，再跟赵靖玥的沟通过程中，两人一拍即合，决定一块去寻找川料南红原产地。

"我们是下半年出发的，当时的主要目的就是寻找产地，但如果找不到，也权当旅游了。"赵靖玥说，他们在出发前就搜集了不少资料，还带了不少样品，但到了四川，他们才发现，没那么容易。

他们在当地问了很多人，都说不知道。一开始根据地貌分析，他们想先沿着火山找，但后来觉得地貌会发生变化，就又改为从河流入手，"刚开始还觉得很新鲜，但到了山区后，体力就开始有点吃不消。"赵靖玥说，道路坍塌、泥石流等这些都经历过，真的是很苦。最关键的是，还得忍受从失望到希望又到失望，大起大落的情绪煎熬。

经过一个多月的努力，他们终于找到了川料南红的原产地之一——九口。"当时在联合没有发现特别好的料，而瓦西挖得比较浅，也没有什么好的料子。"赵靖玥说，"而我们找到的九口料各方面品质也都非常不错。"

努力终于有了成果，赵靖玥很兴奋，买了数以吨计的材料，"我们在宾馆，把所有的材料都一一洗干净，用卡车运到西昌，然后定制箱子、打包，托运回苏州。"赵靖玥说，"那时不能挑，只能是成吨地买，出材率也特别低，大概1%~5%。"

仿佛蝴蝶效应一般，赵靖玥一行的探宝行动，让川料南红在四川、苏州，甚至是全国各地掀起了"红色"热潮。"我们去后仅仅一年的时间，在西昌就形成了一个交易市场。"赵靖玥说，原料更是水涨船高。

对于赵靖玥来说，原料不是问题，但一个新的问题却摆在他面前，"当时买回来的原料都得拿到别人的玉雕工作室去加工，

名家风采
2015 年度最具潜力的南红玉雕师

独占鳌头
（赵靖玥）

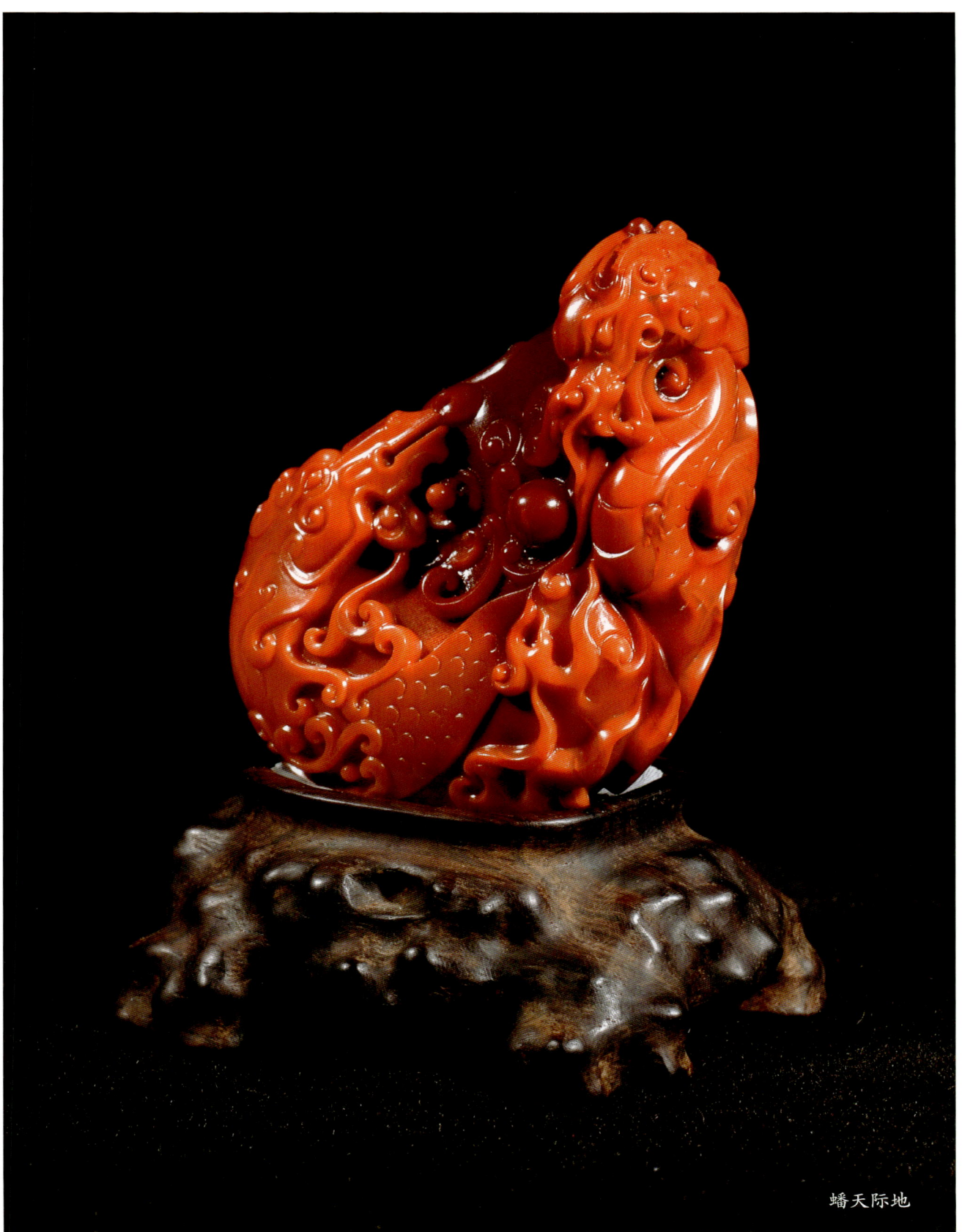

蟠天际地

妙法佛音

但问题是，材料太多了，自己看得上的工作室又不多，导致有些作品跟自己的想象有很大差距。二是你不能天天去盯着，质量、工艺、工期就更没法保证了。"赵靖玥无奈地表示，有些材料到现在还没有出成品。

求人不如求己，赵靖玥索性自己干一家玉雕工作室。2011年工作室正式成立，专业从事南红玛瑙的设计、加工、制作、销售。多年来，跟各个工作室打交道的经验，让他对雕刻工艺了然于心，但他认为要做出好作品，则要把更多的心思放在创意设计上，并形成自己的艺术见解。

"苏州整体的工艺非常细腻、精致，但一直都走相当传统的路线。"赵靖玥说，现在大部分南红雕刻都是沿袭和田玉的套路，但两种材质还是有区别。对于南红来说，在工艺细节上，包括在雕刻工具上都要有所改进，在设计上更要大胆创新。

南红没有一件一样的东西，它的变化太多了，每一件作品都要经过深思熟虑，有时在做的过程中还会有变化，就需要创新思维。经过这两三年的打磨，赵靖玥的工作室也获得了不少成绩，在国内诸多大型专业评奖赛事斩获多个大奖。

如今，赵靖玥带领团队，期望探索出一些不同的雕刻风格，做出一些更加有代表性的作品来，"这段时间，我一直在研究和实践雕刻工艺上的虚实之道。"他说，"实"是指在轮廓、结构、细微之处做足文章，'虚'指在白处多加变化，使整体神足意溢，气象万千，从事物结构、情态入手，虚实皆不出其右。

在赵靖玥看来，南红的市场热度到达了一个前所未有的高度，但其工艺设计创新还刚刚起步，他希望不只是自己的团队，更希望全国各地的玉雕大师，能多尝试做一些真正好的南红作品，向世人展示南红的魅力。

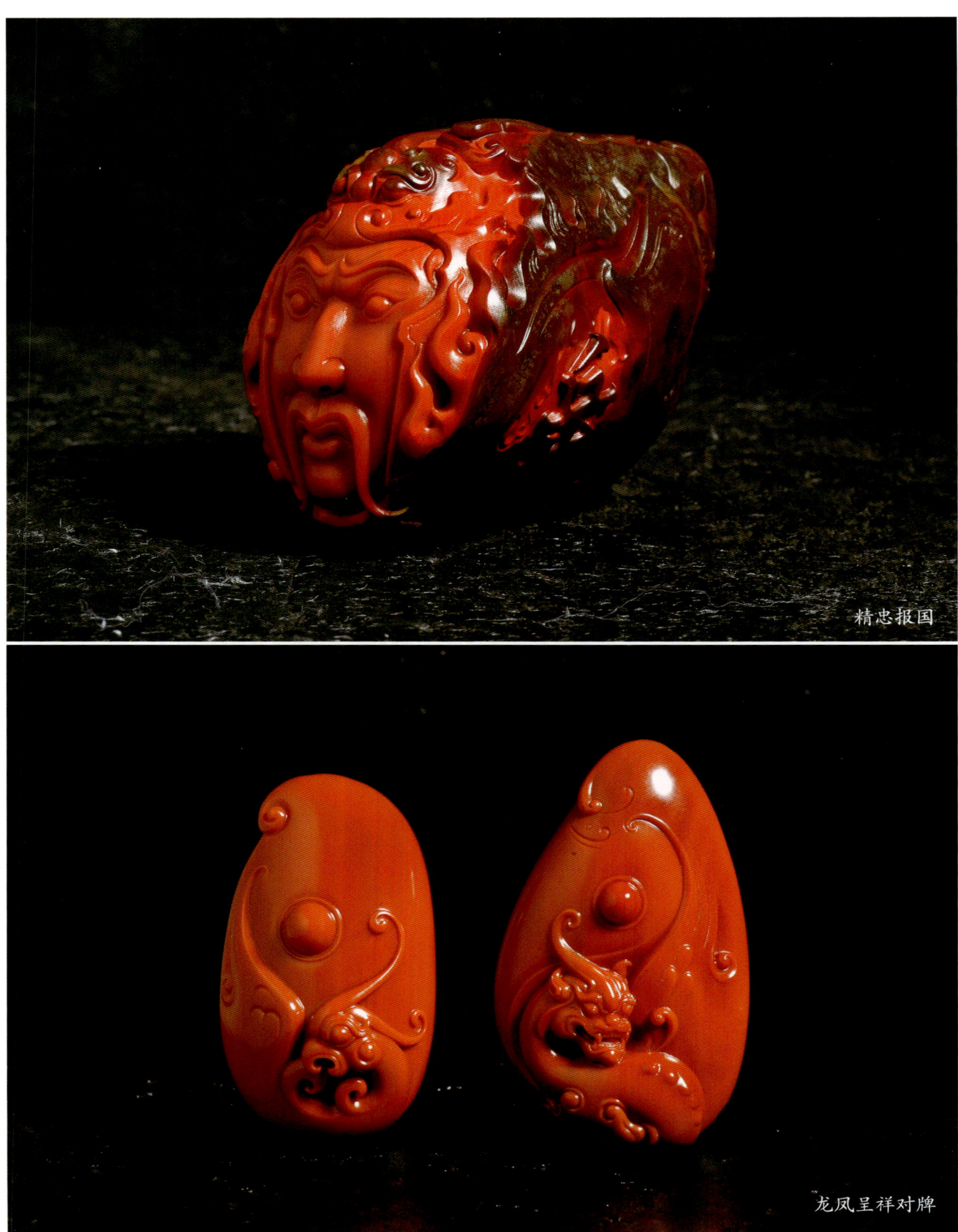

精忠报国

龙凤呈祥对牌

名家风采
2015 年度最具潜力的南红玉雕师

双娇

赵靖玥部分获奖作品

"随形狮首牌"荣获苏州市第三届"子冈杯"玉雕精品展铜奖
"钟馗醉酒"荣获苏州市第四届"子冈杯"玉雕精品展优秀奖
"钟馗醉酒"荣获中国玉石雕刻"天工奖"优秀作品奖
"双娇"荣获 2013 中国玉石雕刻"陆子冈杯"金奖
"汗血宝马"荣获 2013 中国玉石雕刻"陆子冈杯"银奖
"四灵兽"荣获 2013 中国玉石雕刻"陆子冈杯"铜奖
"添兽牌"荣获 2013 中国玉石雕刻"陆子冈杯"优秀奖
"立兽"荣获 2013 中国玉石雕刻"陆子冈杯"优秀奖奖
"精忠报国"荣获 2014 中国玉石雕刻"陆子冈杯"金奖
"精忠报国"荣获 2014 第七届中国玉石雕"神工奖"铜奖
"一念之间"荣获 2014 第七届中国玉石雕"神工奖"铜奖
"斗弈"荣获 2014 首届中国（苏州）民间艺术博览会银奖
"牛气冲天"荣获 2014 首届中国（苏州）民间艺术博览会优秀奖
"妙法佛音"荣获 2014 首届中国玉石雕刻作品"九龙奖"金奖
"独占鳌头"荣获第六届中国上海玉石雕刻"玉龙奖"金奖
"蟠天际地"荣获 2014 中国工艺美术"百花奖"银奖
"蟠天际地"荣获 2014 首届中国（苏州）民间艺术博览会银奖
"国粹"获得 2015 年中国工艺美术莆田"百花奖"金奖

皮宁
玉雕就是雕刻灵魂

林树峰

> 传统文化的个中魅力深深地吸引了皮宁，将中国5000多年的历史表现在传承了中华民族灵魂的玉石之上，其实就是在雕琢灵魂。

对中华传统文化的挚爱，让皮宁踏上了玉石雕刻的人生之路；对南红玛瑙的钟情，成就了皮宁事业上的一个又一个精彩。

业精于勤

皮宁自幼喜爱书画，从古以来诗书总是和美玉相伴，皮宁更是在幼时便对美玉爱不释手，细腻流畅的线条，活灵活现的花鸟人物使得皮宁对玉雕产生了浓厚的兴趣。

为了能够学习和掌握更多的技巧，他独自一人远离家乡来到中国玉雕发源地之一的古城苏州，求学于苏州工艺美术学校，毕业后曾进入苏州玉石雕刻厂从事玉雕设计与创作工作。

皮宁的技艺继承了"苏作"的清雅细腻，尤为擅长俏雕小件，将玉石赋予"小、巧、灵、精、奇"等特色。在选材精良、琢磨工细、构思奇巧的基础上，融入皮宁自己对于生活和世事百态的所思、所想、所感。一刀一琢之下皆是其独到的见解，而中国画简洁明朗的画风和现代时尚元素为其提供了更广阔的创作空间。

皮宁常说："我要雕刻的并不是玉石，而是属于每个人自己的生活。"

不疯魔不成活。对于皮宁来说，玉雕于他也如同"虞姬"与程蝶衣吧。传统文化的个中魅力深深地吸引了皮宁，将中国5000多年的历史表现在传承了中华民族灵魂的玉石之上，其实就是在雕琢灵魂。一个对传统文化热爱的灵魂，一个对玉石艺术痴狂的灵魂，一个将玉雕视为生活的灵魂。

玉雕创作可以说充满在皮宁生活的每一处，无论做任何事情，他都能够将其联系到玉雕创作中去。生活是一个大题材库，也是一位伟大的创作者，它将艺术表现在每个细节之处。而皮宁却善于发现这些细节并且加以润色，再以玉雕作品的方式呈现出来，他一直坚信着"艺术来源于生活"。

"天道酬勤，宁静致远"是皮宁的座右铭，上天会按照每个人所付出的努力，给予相应的酬劳，而只有保持心境的沉着平稳、专心致志，才能够厚积薄发，有所作为。皮宁觉得做一件事就应该从一而终，全身心地投入其中，发自内心地热爱这件事才能够有所收获，直到2007年底，创立了自己的工作室——皮宁玉雕工作室。

在玉雕界摸爬滚打10余载，皮宁不仅在工艺上精益求精，还不断提高自身的专业素养。通过不断地学习与感悟，他思考出一套属于自己的玉雕理念：随着时代的进步，玉雕不应该仅仅体现出其古韵内敛的观赏收藏价值，更应该体现出其对于每个人的价值，让更多欣赏和喜爱玉雕之人找到属于自己的玉雕之道。

责任为先

2014年7月24日晚，中国大凉山南红玛瑙节现场，在人声鼎沸的南红教育基金爱心义拍活动现场，针对两件南红拍品，皮宁和几位竞拍者展开激烈的角逐。

名家风采
2015 年度最具潜力的南红玉雕师

皮宁

莲花生授经

名家风采
2015年度最具潜力的南红玉雕师

狐戏红尘

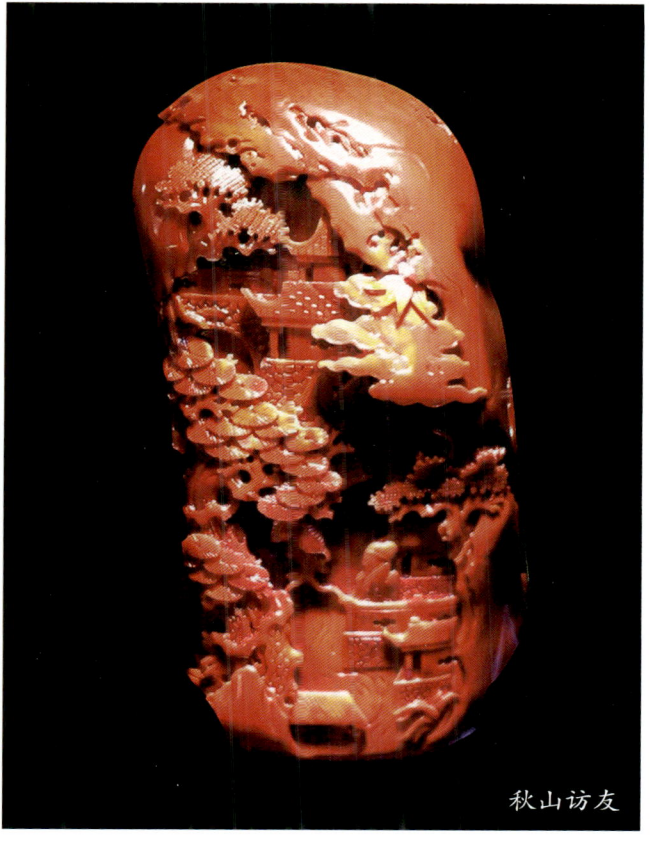

秋山访友

0元、1千、5千、8千、1万、1.5万、2万，直到皮宁将价格抬高到2.5万元，最终才夺得这两件藏品。

谈及当时的场景，皮宁仍难掩兴奋之情："真正打动我的不是这两件拍品本身，说实话，参加拍卖时我就知道它们的市值不过5千元。所以参加竞拍，就是看中主办方'拍卖款将全部用于资助贫困儿童教育'的承诺。"生于苏北革命老区的皮宁，既对贫穷有着刻骨铭心的体悟，又对知识在改变命运中起到的作用有着深刻认识。

经过近10年的摸索、研究，皮宁的玉雕工作室已经从开始的单枪匹马，发展到目前拥有16人的设计、雕刻团队；其中的两名文员均毕业于江苏理工学院，专业为市场营销；而创意设计师则毕业于湖北第二师范学院，专业为动画设计。

如今的皮宁，已经担任苏州市玉石文化行业协会常务理事、苏州市玉石文化行业协会南红专业委员会副秘书长。2013年11月8日，其作品"龙凤对牌"荣获中国工艺美术学会、中国轻工珠宝首饰中心、江苏省珠宝玉石首饰行业协会、中国玉石雕刻陆子冈评委会联合授予的2013中国玉石雕刻"陆子冈杯"金奖，另一件作品"和和美美"荣获2013中国玉石雕刻"陆子冈杯"优秀奖。

由于技艺精湛，皮宁玉雕工作室已经将"输出技艺"作为主营，每个月都有六七十件的来料加工量，以至于自己在苏州繁华地段的店铺成了"摆设"。

"既然顾客信任我们工作室的玉雕能力，那么，我们更有责任要对得起这份信任，前提就是技艺不断创新，团队的文化学习能力不断提高。"谈及未来，皮宁的目光坚定中充满自信。

皮宁部分获奖作品
2013年"龙凤对牌"荣获中国玉石雕刻"陆子冈杯"金奖
2013年"喜庆"荣获中国玉石雕刻"陆子冈杯"银奖
2015年4月"善现行"荣获中国工艺美术"百花奖"金奖
2015年4月"莲花生授经"荣获中国工艺美术"百花奖"铜奖

李栋
南红的"红利"才刚刚开始

田燕

> 凭着对玉雕材料的天生直觉，当李栋在朋友那儿第一次看到南红时，便认定它会是自己人生的突破点，他抓住了这个难得的机会。

人的一生没有多少次机会，但他抓住了南红的发展契机。

从最初的单打独斗，到10余人，再到2014年的50人规模，他稳扎稳打在南红界开创出"手艺人"的一片天地；他屡创佳作，频频获奖，却认为获奖只是行业对其工作的肯定；他管理有方，不仅理念先进，更紧跟潮流，拥有强大的电子商务部门，如今门店和网络销售基本平分秋色；他不断追求进取，在自己学习进步的同时还不忘促进行业发展。

他就是"手艺人"玉雕工作室创始人、苏州市玉石文化行业协会南红专业委员会副会长李栋。他相信每天都是一个新的开始，而南红的"红利"也才刚刚开始。

抓住机会

"第一次看到它，就感觉特别的兴奋。"凭着对玉雕材料的天生直觉，当李栋在朋友那儿看到南红时，便认定它会是自己人生的突破点，他抓住了这个难得的机会。

对于李栋来说，他等这个机会，等了9年。2000年，他怀着一腔热血来到了苏州，在那之前，他仅仅是一个热爱画画、热爱雕刻的"文艺范"青年。"上学的时候，除了在纸上画画，就是把能雕的东西都雕了。"他笑着说，"连青砖和课桌都没放过。"

现实是残酷的，在苏州，人生地不熟的李栋，只能从最基础的打磨工作做起。但他一步一个脚印，凭着不服输的韧劲和扎实的美术功底，渐渐获得了认可，并于2005年创立了"手艺人"玉雕工作室。

"那个时候白玉已经很贵了，像我们这样的后辈基本上雕不了太好的料子。"李栋坦陈，如果一直做白玉，恐怕不会有太大的成就。但南红不一样，不仅材料本身具有超强的可塑性，更是买得起的好材料。因此，2009年，他毅然决定专注南红的设计制作。

万事开头难，"在原产地采购材料，遭遇塌方、车祸等，那种危险现在想想依然后怕。"李栋说，这些只是冰山一角。他指着手上的两条疤痕说，这都是切南红留下的。但也正是通过不停的切料子，才让他对材料了如指掌。2012年，他就从原本是废料中发现了"宝"，创下了克单价4500元的纪录。

在李栋看来，最难熬的还是最初的市场培育期，"刚开始是买一块白玉送一块南红。"他说，很多人不知道南红是什么东西，有的雕刻师甚至都不屑雕刻。但好在，当时苏州有一批人坚定不移地相信南红一定会"红"，李栋就是其中之一。他花更多的精力去研究客户、培养客户，更重要是做出好的作品，让客户慢慢去接受。

因此，从一开始李栋就坚持"用心设计、精雕细作、诚信为重"的工作态度，认真对待每块玉料的设计、制作。每一

名家风采
2015年度最具潜力的南红玉雕师

李栋

沐浴春光

名家风采
2015 年度最具潜力的南红玉雕师

祥瑞天下

广目天王

件作品从选料到最终完工，需要上百道全手工工序，用新颖的创意和精湛的雕工，赋予作品独一无二的生命力。

坚持就是胜利。作为苏州最早一批从事南红雕刻的人，李栋经历了南红从无人问津到红红火火，他带领工作室从五六个人发展到 50 个人的规模，他的作品在全国各大赛事中频频获奖，他的作品，受到收藏爱好者的大力追捧，甚至有人为求一作品而苦等半年……李栋坦言，南红带给他的不只是名利，更是创作的享受。

管理有方

"经过五六年的积淀，最痛苦的时候已经过去，南红以后

双娇

名家风采
2015 年度最具潜力的南红玉雕师

天马行空

一定不会比任何一个雕刻门类差，南红的利好才刚刚开始。"

在李栋看来，南红的基础和平台是非常好的。首先，南红的视觉冲击力非常强，特别是对于一些特定的题材表现力更好，比如新娘、关公、玫瑰等。说着，他立即拿出手机，翻出一张图片给记者看。这是一颗剥了一半壳的荔枝，暗红色的荔枝壳和晶莹剔透的果肉，真实灵动，甚至还有果梗，新鲜的感觉，让人垂涎欲滴。

"材料本身的可塑性，再加上苏州的雕刻工艺，让南红具备了'红'的条件。"李栋说，这也是"手艺人"工作室能快速发展壮大的原因之一。但熟悉李栋的人都知道，"手艺人"的今天，离不开规范的管理和完善的员工保障。

李栋自称没有专门学过管理，但他认为管理就是要让专业的人去做专业的事，实现规范化又不失人性化的管理。他将工作室分为：设计部、雕刻部、切料部、电子商务部、秘书部、销售部、宣传部等部门。整个工作室采取现代化企业先进的管理模式与人事管理，建设完善的管理制度。从材料管理、工作管理，到员工福利、保障系统，真正做到无盲区的立体式管理机制，让员工可以在轻松愉悦并且井然有序的氛围内工作。

"管理最重要的是要解决员工的后顾之忧。"李栋说，"我的所有员工都能享受工作室提供的医保。小病工作室报销，哪怕是买了10元的药，只要有凭证都能报，大病都上了商业保险，这在全苏州玉雕界绝对是首创。"

一年发365天工资、年终奖和红包分开发、大规模集体旅游……一一细数"手艺人"的福利待遇，恐怕很多知名企业都自叹不如，"我们在员工福利、医保等项目花费大约在120万到150万。"李栋说，这虽然不是一笔小数目，但绝对是一笔必须花的钱，在他看来还有另一笔更必须花的钱就是教育培训。

"南红比白玉的从业人员整体素质水平还是偏低，我们要做的事情太多了，我们要把心静下来，要多读书，各种文学、历史类的。要出去走走，要知道什么是生活，要了解新鲜事物。做艺术要知道西方绘画和东方绘画的区别，要知道古代、现代和未来艺术的方向。"李栋的语速略微加快，似乎更显得学习的紧迫性。正因为此，他特意开设了一个小型培训班，主要是给工作室的员工培训美术、雕塑等艺术专业。

"一年光教育费就35万。很多人也劝我，干吗花这笔钱，你把人培训好了，人就自立门户了。"但李栋不这么想，"一个人的进步看不出来，但50个人的进步却是非常明显的。如果我培养了10个人，两个留了下来，就会产生新的贡献，走的8个人也能在南红圈，甚至是整个玉雕界发挥作用。"

李栋不仅要求员工学习，对自己更是要求严格。他打算花两年的时间在南艺继续深造，完成100课时后，再到杭州去学习，"只要活着就要学习，这个过程很漫长，很痛苦，但一旦做成功，会非常爽。"他说，现在整个南红雕刻还是产品比较多，作品比较少，艺术品更是寥寥无几，未来希望通过努力，能真正做出传世之作。

李栋部分获奖作品

"双骄"荣获2013中国玉石雕刻"陆子冈杯"金奖
"魁星点斗"荣获2013中国玉石雕"神工奖"评选银奖
"天马行空"荣获2013中国玉石雕"神工奖"评选银奖
"大梵天王"荣获2013中国玉石雕刻"陆子冈杯"银奖
"祥瑞天下"荣获2014中国首届中国玉石雕刻作品"九龙奖"金奖
"望子成龙"荣获2014中国首届中国玉石雕刻作品"九龙奖"金奖等众多奖项

蒋一夫
改变命运的那抹"红"

田燕

在蒋一夫看来,南红还有很大的升值空间,现在要做的就是设计更多好的作品,让更多的人认识南红,爱上南红。

蒋一夫是苏州最早接触南红的一拨人,初识南红,他便毅然放弃公务员的工作,创立"逗云园"玉雕工作室;经营南红,他不断学习、探索,走出了一条属于逗云园的独特之路;专注南红,他大胆创新,并对未来的发展信心坚定。

正是因为见证并亲身经历了南红的这轮风靡,蒋一夫才更有话语权,"现在顶级的南红3000多一克,而顶级的和田玉则要达到两三万一克。"在他看来,南红还有很大的升值空间,现在要做的就是设计更多好的作品,让更多的人认识南红,爱上南红。

为"南红"辞职

受父亲的熏陶,蒋一夫从小就对玉石有浓厚的兴趣,"父亲玩的是观赏石,但我对大石头没什么兴趣。"蒋一夫说,自己比较偏爱雕工好的玉石。

凭着爱好,在大学期间,蒋一夫就做起了"以藏养藏"的小买卖,并对玉石雕刻产生了浓厚的兴趣。只要一有空,蒋一夫就会到不同的玉雕工作室去学习、探讨,甚至会自己上手去雕刻。

时间久了,蒋一夫萌生出以玉石雕刻为事业的想法。但那个时候,苏州的白玉雕刻市场已经非常成熟,作为一个新人入行,蒋一夫几乎不占优势。

2009年,蒋一夫法律系本科毕业,按照父亲的"规划",他成为了一名公务员。也正是在这一年,他遇见了"南红"。那一抹红,彻底改变了他的事业轨迹。

"第一次接触南红是在朋友的工作室,"蒋一夫说,艳而不俗的红色,让人眼前一亮,对玉石相当敏感的他,立即询问朋友这是何物。朋友说,这是川料南红,"那时,川料南红对于大多数人来说,都十分陌生。10个人里面,有1个人认识就不错了。"也正因为如此,蒋一夫从中嗅到了商机。

作为有心人,蒋一夫开始陆续购买一些南红原石,并试着雕刻一些成品,这些成品出来后,颇受欢迎,很快就转手了。在他看来,川料南红颜色鲜艳,纹理变化更加丰富,最关键的是适于雕刻,不像保山料容易裂,比白玉又更有表现力和视觉冲击力。

蒋一夫认定,南红一定会受到市场的追捧,同时,他也做了人生中一个重大的决定——辞职,专心经营南红。

"这绝不是冲动之举。"蒋一夫说,他跟身边懂行的,包括父亲在内,探讨了很长时间南红的未来,在经过对比白玉的

名家风采
2015 年度最具潜力的南红玉雕师

蒋一夫

守护

原料、成品和市场趋势后,他决定,要做就走在别人前面。

摸索中进步

握着200万的启动资金,2010年初,蒋一夫创立了"逗云园"玉雕工作室,开始了自己的南红事业。

"前期百分之七八十的钱都用来买南红原料了。"蒋一夫说,那时,大部分料子都是自己亲自剥。这样做,让他对原料的理解很深,在后期的设计和雕刻中,更能因材而动。

让蒋一夫印象最深的作品,莫过于"守护"了。2010年下半年,他花了1万多元,买了一块400多克的九口风化料,"一剥皮,整个料子布满了黑线,感觉很失望。"但蒋一夫并没有放弃,凭借着对原料的经验,他决定继续剥下去。最后,这块料子刮完就剩280多克。幸运的是,最终呈现在他面前的是一块细腻、润泽、颜色饱满的珍品。

面对这样一块难得的南红,蒋一夫决定做"减法"。他希望用简约的设计、雕刻,最大限度地保留原料。那段时间,只要一有空,他便把这块料子拿起来端详,经过两个多月的设计构思,半个多月的精雕细琢,"守护"横空出世。

"守护"的主体是一个敦实的铜鼓,造型看似简单,但对整体比例的把控,线条的圆润度等都有非常高的要求。特别是铜鼓上的乳钉纹,造型均匀,体态舒展,规整而又不失灵动,对于雕刻者来说,是个不小的挑战。铜鼓上面一只貔貅昂首向天,整体线条流畅,不怒自威。"貔貅有镇宅辟邪和旺财的作用,铜鼓又象征权力和财富。"蒋一夫笑着说,这就是"守护"的由来。

2010年底,国务院的礼宾司曾找到蒋一夫,出价80万,希望将"守护"作为国礼送到国外,但蒋一夫没舍得卖。2012年,中国玉(石)器"百花奖"评选,"守护"一举夺金。获奖后,礼宾司加价到120万,依然被蒋一夫拒绝了。

"现在到苏州来的藏家、商家,每次都要到我这来看看这件作品,有的看过十几次了还是要来看。"蒋一夫的语气中略带一丝自豪,"守护"已经成为我们的镇店之宝。

经过四五年的历练,对于蒋一夫来说,南红带给他的不仅是财富的积累,更是事业的成就。如今,逗云园入驻苏州陆子冈玉石文化广场3楼,发展成一家专业从事南红玛瑙设计、加工、

名家风采
2015 年度最具潜力的南红玉雕师

龙腾四海印章

一顾倾城（正）

制作、销售等为一体的综合性玉石雕刻工作室，拥有资深设计师6人、30余位拥有丰富玉雕经验的雕刻师以及20余位优秀的打磨师。

"南红的发展才刚刚开了一个头"，对于今天的成就蒋一夫并不满足，他说南红现在还是沿用白玉的雕刻手法，雕刻风格也相对传统。目前他们在"苏工"的基础上，正在融合一些抽象写意的创作手法，吸收现代雕刻和古代书画的精髓，尝试做一些圆雕作品。

"在创新中摸索，在调整中进步。"蒋一夫笑着说，"我要走出一条属于逗云园的南红之路。"

一顾倾城（反）

名家风采
2015年度最具潜力的南红玉雕师

逗云园获奖年表

"龙腾虎跃"荣获2012年中国玉石雕"神工奖"金奖
"封侯拜相"荣获2012年中国玉石雕"神工奖"银奖
"虎啸"荣获2011年中国玉石雕刻"陆子冈杯"银奖
"守护"荣获2012年中国玉（石）器"百花奖"金奖
"吴门对牌"荣获2012年中国玉石雕"神工奖"金奖
"喜上眉梢"荣获2012年中国玉石雕"神工奖"金奖
"瑞兽"荣获2012年中国玉石雕刻"陆子冈杯"金奖
"龙马精神"荣获2012年中国玉石雕刻"陆子冈杯"银奖
"亭亭玉立"荣获2012年中国玉石雕刻"陆子冈杯"铜奖
"双兽"荣获2013年中国玉石雕刻"神工奖"金奖
"龙腾四海"荣获2013年中国玉石雕刻"神工奖"银奖
"观音"荣获2013年中国玉石雕刻"陆子冈杯"铜奖
"天地"荣获2013年中国玉石雕刻"天工奖"优秀奖
"一顾倾城"荣获2013年中国工艺美术"百花奖"铜奖

杨子奇
南红更需用"心"创作

田燕

> 对于杨子奇来说，他以南红为载体之一，发挥自己的智慧，用心创作完美的艺术品。

玉雕是以玉石为载体，通过手工的方式进行的艺术创造。手工是不同领域聪明才智的各自见证，也是民族与地域精神传承的载体和个性。

对于杨子奇来说，他以南红为载体之一，发挥自己的智慧。他擅长人物雕件，注重布局和构图，更着重刻画人物的表情，他喜欢用简单的线条来表达复杂的艺术；在南红的创作上，他尝试更加开放的构思，将立体件和异形件作为突破的方向，他一直在用心创作完美的艺术品。

结缘南红

杨子奇出生在玉雕之乡，自幼受传统文化的熏陶，他喜欢书法、绘画，2001年进入镇平三高专心学习雕塑、绘画及书法。2004年毕业后，经亲戚介绍到苏州，拜"一户侯"玉雕工作室侯晓锋大师为师，正式进入玉雕行业。

"进入这个行业后，才觉得越来越有意思。"杨子奇说，学徒的时候自己都是主动要求加班，周末也不休息，总感觉时间不够用，要学的太多了。

勤奋加天分才是成功的基础，在经过7年的打磨和历练后，杨子奇开始自立门户，也正是在这一年，他接触到南红。

"2011年春天的一个晚上，在朋友那第一次看到南红，一下就被它的红色所吸引。"杨子奇说，直觉觉得可以尝试雕刻这种材料。

当时，南红的价格也不高，杨子奇便买了一些，尝试着雕了一些他比较擅长的人物件。"出来的效果果然非常好。"他说，南红显工，而且有俏色，特别适合巧雕，给雕刻者更多的创作空间。

杨子奇看好南红，决定抽出一部分精力来创作南红作品。"那会儿，买南红的人很少，甚至知道南红的都不多，所以刚开始是用白玉养南红，但到了2012年，慢慢地有越来越多的人开始买南红了，现在变成用南红养白玉了。"他说，有一个阶段，只要做出来一件南红作品，立即就有人买走。

在杨子奇看来，南红的优点非常明显，但也有缺点，"南红比较容易裂，这就要求雕刻师在制作时必须特别细心，在设计上也需要更多的思考。"

认识杨子奇的都知道，他对朋友和客户都是实实在在的，特别是对待作品更是一丝不苟，工艺追求细腻。如今，他带着几个徒弟，他对徒弟的要求也相当严格，"即使是打磨的不到位，都要退回去重做，要对作品负责，对自己负责。"

大道至简

正是凭借着这种认真劲，杨子奇逐渐走出了一条属于自己的雕刻之路。

名家风采
2015年度最具潜力的南红玉雕师

和合二仙

福在眼前

"雕刻作品的布局和意境非常重要，工艺不用太复杂，能用最简单的几刀，勾勒出最传神的画面即可。"杨子奇说，这是他这10年来总结出来的心得体会。

杨子奇喜欢看老子的《道德经》，"万物之始，大道至简，衍化至繁"。意思是说大道理（指基本原理、方法和规律）是极其简单的，把复杂冗繁的表象层层剥离之后就是事物最本质。雕刻艺术也一样。

2012年夏天，杨子奇花3000多元买了一块南红原料，切开后肉质非常好，"那是一块九口的红白料，大概有四五十克，料子很纯，但最大的问题就是一面红，一面白。"他说，当时也思考了很久。

有一次在看《道德经》时，突然来了灵感，他把红色的部分做成了老子的形象，白色部分做成了书简，整个作品布局合理，在关键处简单勾勒几笔，表达意境，细节处又不失精致。细细品味，果然有几分道法自然之感。

这件作品在市场上的表现也没有让杨子奇失望，"卖了3万元，在当时来说，卖的已经算贵了。后来听说转了一道手，价格涨到6万，现在这位收藏者准备自己珍藏了。"他说，"这件作品对我的触动非常大，不仅激励我创作更多更好的南红作品，还让我未来的创作思路更加明确。"

杨子奇的作品大多以人物为主，在他看来，雕刻人物，首先要对这个人物有所了解。"这个人的思想、性格，甚至这个人的小习惯等，都是刻画人物的关键，有时一个小的细节就能让人物更加传神。"他表示，自己还有很多东西要学习，需要更加努力。

关于创新，杨子奇也有自己的看法。他认为艺术不一定要一味地追求创新，真正的创新需要建立在深厚的文化内涵基础上。

"像瓷器、陶艺，它们都有着悠久的历史和深厚的文化内涵，在某种程度上来说，南红与之相比还有一定的差距。"未来，

名家风采
2015 年度最具潜力的南红玉雕师

老 子

独占鳌头
（杨子奇）

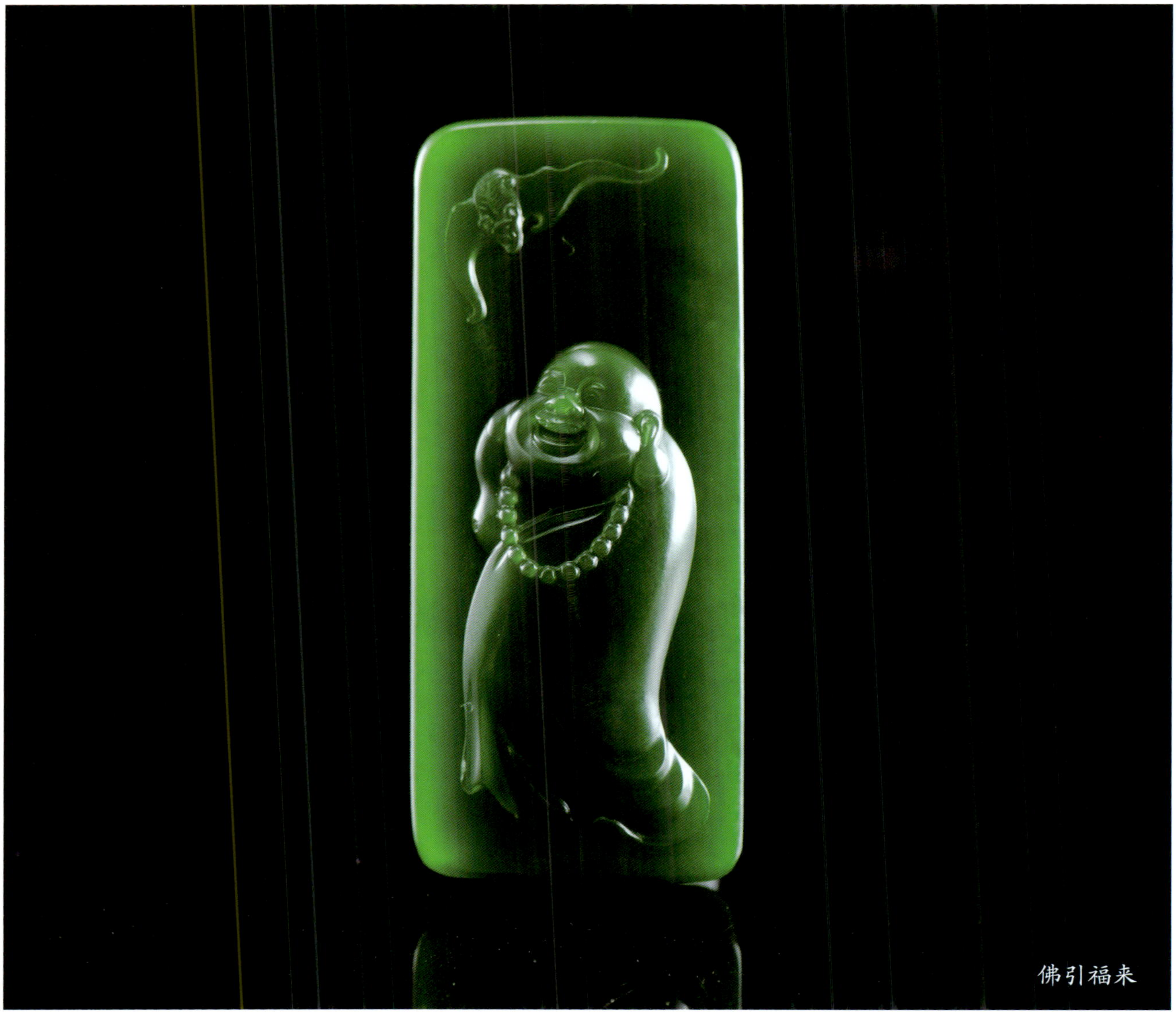

名家风采
2015 年度最具潜力的南红玉雕师

佛引福来

他希望尝试把不同艺术品的工艺与南红相结合。例如德化陶瓷，它那种现代写意的感觉，就可以借鉴。他曾试着做过一些小的南红立体雕件，整个作品非常简洁，只着重突出人物表情，人物的衣纹、装饰等部分就可以用大写意的手法，粗略带过。

老子说过，千里远行，必须从脚下的第一步开始，对于杨子奇来说，未来的路还很长。

杨子奇部分获奖作品
2011 年作品"钟馗"荣获"陆子冈杯"银奖
2012 年作品"爵杯"荣获 2012 年中国工艺美术"百花奖"银奖
2012 年作品"一团和气"荣获"百花奖"铜奖
2013 年作品"一苇渡江"荣获"陆子冈杯"金奖
2013 年荣获"中国职业艺术品鉴定师"
2014 年作品"和合二仙"荣获中国工艺美术"百花奖"金奖

冯卫强
玩的就是"巧"

田燕

从主攻白玉到南红、白玉平分秋色，冯卫强玩的就是创意。他大胆构思，用中等料，发挥上等工，用一个"巧"字，变废为宝。

从大雕件到小雕件，从河南到苏州，从主攻白玉到南红、白玉平分秋色，冯卫强玩的就是创意。他大胆构思，用中等料，发挥上等工，用一个"巧"字，变废为宝。

2013年11月，冯卫强荣升为河南省玉雕大师、国家高级美术师。他坦言，现在越来越有紧迫感，未来不仅需要更加努力地学习传统文化，更需要坚定自己的目标，大胆地雕，进一步把工艺发挥到极致。

从"大"到"小"

1981年，冯卫强出生于玉雕之乡河南镇平县。像许多同乡人一样，从小受玉雕艺术熏陶的他，14岁就进入石佛寺镇玉器厂学习雕刻技法与绘画。

对于正值青春期的少年来说，静下心来雕刻，并不是一件很容易的事。但冯卫强却不同，他仿佛是着了迷一般，不仅白天一学就是一整天，晚上还经常自己"加课"，再加上其艺术悟性颇高，很快，就练得一身好手艺，成为厂里的主要设计雕刻师。

为了进一步提升自己的艺术水平，2000年，冯卫强进入河南省镇平县工艺美术学校学习雕塑艺术。随着技艺的提高，他不仅成立了自己的玉雕工作室，还办起了玉雕培训班，在当地也是小有名气了。

"在老家，基本上做的都是大山子之类的大雕件。"冯卫强说，2007年左右，大件雕刻作品，不是很好卖，整个市场趋势都在往小件上转。最为明显的就是人工费，当时一个大件，人工费八九百，一个小件也要三四百，比较起来，还是做小件划算。

明确了未来的发展方向，冯卫强决心转型。他最喜欢看关于玉雕方面的书，那时候"天工奖""陆子冈杯"等只要出书，都要买一本。从书上，他知道小件雕刻唯苏工精妙，"到苏州去发展"这个念头逐渐在他脑海里成形。他毅然关掉河南的工作室，带着两个行李箱，一个装衣服，一个装满关于玉雕的书刊，只身来到了苏州。

初到苏州的冯卫强却感到有些失望，"这里也是做大件雕刻，跟我想象的完全不一样。"他甚至有了打道回府的想法，但半途而废不是他的性格，他决定先留下来看看再说。凭着扎实的基础和颇具创意的设计，很快，冯卫强在新环境中立住了脚。

一年后，冯卫强所在的工作室也开始谋划转型，准备往苏州市里搬迁，并从事小件雕刻时，他才明白，原来是自己弄错了地方，一直待在苏州的郊区。当他来到相王街，来到南石皮弄，才真正体会到苏工的严谨精致，开始了他由"大"件向"小"

名家风采
2015年度最具潜力的南红玉雕师

冯卫强

悟 道

件的雕刻转变。

以"巧"见长

对于冯卫强来说，进入苏工的核心区域，让他如鱼得水。2010年，他创办"冯石言玉"玉雕工作室，也正是在这一年，开启了他与南红的雕琢之缘。

"南红确实很抓人，特别是对于我们这些以巧雕擅长的人来说，南红具有非常大的创作空间。"初见南红，冯卫强就被其独特的质地和鲜艳的颜色吸引住了，但他当时也有顾虑，"南红是新出来的品种，不知道未来前景如何，再加上当时白玉都做不过来，所以做的比较少。"

但对南红的那份"爱"，让冯卫强也没有放弃，一直断断续续地雕出一些好作品。他对于雕刻白玉可谓驾轻就熟，但在南红的雕刻上也走了不少弯路。从切伤，到保留，再到切伤，从最初的不懂利用材料，到现在主要以巧雕为特色，他慢慢摸索出一条属于自己的艺术之路。

在冯卫强的创作经历中，就有不少"变废为宝"的例子。"南红原料的赌性很大。"他说，曾经一次买了几十万的料子，但开出来后，基本都是废料。但他不忍放弃，只要一有空，就拿着这些材料端详。功夫不负有心人，他挑选了三块层次分明的材料，经过细心雕琢和巧妙构思，组成了三块"红烧肉和蹄膀"的组合。

这件组合作品，看着"红巍巍，油滋滋，香喷喷"，可谓是"色香味"俱佳。不论是皮、膘、肉，还是皮上毛孔，均似真正的红烧肉。肉皮呈焦红色，层次分明而富有胶质感。皮下的脂肪层洁白细腻，如白玉凝脂。瘦肉部分质地鲜嫩、色泽红润。冯卫强说："'猪'和朱同音，'蹄'和题同音，送猪蹄的用意，就是希望考生金榜题名，成为将相，也能朱书题名。"

像这样的巧雕作品，冯卫强还有很多，其中"童年记忆"也是一件组合作品，寓静于动，色艺俱佳，童趣动人，独具艺术魅力。这件作品由四块大小不一、颜色分明的原石组成，在他精雕细琢下变成了萌态十足的一家人，场面十分温馨。每件作品的服饰刻画到位，人物面部表情更是惟妙惟肖，让人不禁想起记忆中清风拂面的童年……

"巧雕费时、费工、费心，但当你把一件看似废料，用精巧的构思、完美的雕工，赋予作品生命的时候，这种成就感比什么都享受。"冯卫强笑着说，以后的目标就是多做有创意、有艺术性的精品。

名家风采
2015年度最具潜力的南红玉雕师

童年记忆

冯卫强获奖年表

2011年5月荣获中国工艺美术"百花奖"铜奖

2011年5月荣获中国工艺美术"百花奖"银奖

2011年7月获中国玉（石）器"百花奖"银奖

2011年9月荣获中国上海玉（石）雕"神工奖"最佳工艺奖

2011年9月荣获中国上海玉（石）雕"神工奖"银奖

2012年4月荣获第四届中国上海玉石雕刻"玉龙奖"最佳工艺奖

2013年1月荣获第八届中国玉石雕刻"陆子冈杯"精品展铜奖

2013年1月荣获第八届中国玉石雕刻"陆子冈杯"精品展银奖

2013年6月荣获天津市高级玉石雕刻技师

3013年9月荣获中国玉石雕"神工奖"评选银奖

2013年10月荣获中国工艺品雕刻高级技师

2013年11月荣获中国玉石雕刻"陆子冈杯"银奖

2013年11月荣获河南省玉雕大师第六批国家高级美术师

2013年参加中国和田玉爱好者联盟，任常务理事

2013年获中国玉（石）器"百花奖"金奖

2014年5月荣获中国工艺美术"百花奖"银奖

2014年6月荣获中国玉石雕刻作品"玉星奖"铜奖

金榜题名

吴照龙
与南红共成长

田燕

> 吴照龙说，未来南红的可持续发展，不仅需要有更多优秀的作品，还需要有良好的心态，与南红市场共同发展，共同进步。

吴照龙从小喜爱绘画，后来跟随名师学习。2002年开始接触玉雕，2009年来苏州深造，2010年在苏州成立了个人工作室。他从事玉雕工作10余载，从最初并不看好南红，到打心眼里喜欢，把金钱、精力倾其投入其中，如今，他更是绝对看好南红的未来发展。

"希望通过我们的作品，能让更多的人喜欢上南红，只有让大家都爱上南红，市场才能越做越大。"吴照龙说，未来南红的可持续发展，不仅需要有更多优秀的作品，还需要有良好的心态，与南红市场共同发展，共同进步。

一买成名

"刚开始，我对南红并不感冒。"吴照龙说，他喜欢干净的料子。2010年初，就有客户带着保山南红来找吴照龙雕刻，他的第一印象是，这种料子不适合雕刻，裂太多。

因为对南红第一印象并不好，以至于后来只要说是南红，吴照龙就有抵触感，并没有深入地去了解。一年后，有人拿着川料南红来找吴照龙雕刻，因为是朋友，不便推辞。令吴照龙意想不到的是，川料南红质地细腻，硬度适于雕刻，颜色更是红得润泽，雕刻出来的作品表现力非常好。

但那时的吴照龙只是有一搭没一搭地帮别人雕刻加工，自己并没有下定决心专心做南红。直到他的朋友田春辉当兵回来，想跟吴照龙合伙做玉雕生意，"当时和田玉太贵了，同样花10万元，只能买一块一般的和田玉原料，但能买十几块好的南红原料。"两人一合计，决定专门做南红。

两人分工明确，吴照龙出钱，田春辉负责到原产地收购南红原料，之后再由吴照龙及其工作室雕刻加工。

"南红原料的赌性很大"，吴照龙说，他们第一次到四川买了十七八万的料子，基本废掉了。但他们没有气馁，第二次，买了8万的料子，最后产值翻了五六倍。就这样经过一点点的磨炼，为了对南红有更深入的了解，吴照龙也开始在苏州本地试着购买原料。

一次，吴照龙看中了一块料子，心里价位是50万，卖家说已经有人出到65万了，最终没有成交，但谁知卖家随后以50万卖给了另一个买家。事后，这个卖家觉得不好意思，向吴照龙保证，以后只要有好料子肯定第一个通知他。

果然，几天后，这个卖家带着吴照龙来到了苏州一个巷子里，在一辆汽车的后备箱处停了下来。"只听一声响，后备箱弹开了，满满的全是南红原料，而且个头都比较大，其中大部分都开了口，从开口处看，品质都很不错，只有两块最大的，没有开口。"吴照龙说，当时左挑右选，哪块都舍不得放弃，最后一咬牙，花了100多万全买了。

其实，这个后备箱的南红，不只吴照龙一人看过。苏州玉雕圈，说大不大，说小不小，只要有好的材料，几乎是趋之若鹜。但大家都没想到，吴照龙有胆量一口气都吃掉，算是"一买成名"。

名家风采
2015年度最具潜力的南红玉雕师

吴照龙

招财印章

名家风采
2015 年度最具潜力的南红玉雕师

共赢

用心巧思

吴照龙出了名,很多卖南红原料的都慕名而来,不怕挑不到好原料,但他更关心的是,如何利用南红原料,雕刻出更加好的作品。

"南红不好设计,纹路多、杂质多,但也给雕刻师带来很多不平凡的灵感。"吴照龙说,正因为这样,每一块南红都要花心思去设计。

一开始,吴照龙也走了不少弯路,觉得一块料上有毛病的地方都要敲掉,浪费了许多材料。但随着对材料的了解和把握,他开始慢慢变得得心应手,并更喜欢挑战一些有难度的作品。在他买的众多材料中,有不少开了,但一直也没想好怎么设计的,就被他统一放在一起,没事就拿出来琢磨。

一天晚上,圆月当空,吴照龙拿起一块料子,"这块料类似圆柱,尽管周边的质地都非常好,但中间白心贯通,如果设计不好,几乎就是废料。"正当他左右端详冥思苦想之际,抬头看见皓月,灵感瞬间涌上心头。

经过设计加工,整件作品仿佛一轮弯月;飞天嫦娥的倩影浮现在弯月上,衣袂飘飘,灵动原艳;中间的白心挖去杂质部分,剩下的冰白化作明珠与玉兔,一个古老而凄美的神话故事就这样被一件南红作品诠释得淋漓尽致。这件作品吴照龙陆续做了3对,从最初的售价17500,到55000,再到获得"百花奖"金奖后,有人出到12万,但他却舍不得卖这最后一对珍品了。

降龙罗汉

名家风采
2015年度最具潜力的南红玉雕师

马上封侯

在吴照龙看来，好的设计作品，都来源于生活，但更胜于生活。他最早擅长雕刻动物，但后来也慢慢揣摩人物的神韵，经过多年的摸索，他更找出了自己特色，把动物和人物结合起来，再赋予其传统文化故事和寓意，比如伯乐相马、鱼与佛等作品就颇具文化韵味，值得品评。

如今，吴照龙的玉雕工作室也有20多人，但他更想把发展的规模和速度放慢，能沉下心来真正设计雕刻一些好的作品，"现在手里好料子很多，但觉得自己脑子里面的东西还是太少。"他开玩笑说，"如果有可能自己要闭关两年，不仅要好好学习传统文化，更希望在艺术水平上有新的突破。"

吴照龙获奖年表

2011年加入苏州市玉石文化行业协会，任理事单位
2011年"钟馗"荣获第七届"陆子冈杯"玉雕精品展优秀奖
2013年荣获"苏州玉雕新秀"的称号
2013年荣获"优秀玉雕艺术家"的称号
2013年加入中国和田玉爱好者联盟，任常务理事
2013年加入苏州市玉石文化行业协会南红专业委员会，任常务理事单位
2013年"天物化宝"荣获中国玉石雕刻"陆子冈杯"银奖
2013年"释迦牟尼"荣获中国玉石雕刻"陆子冈杯"优秀奖
2013年"嫦娥奔月"荣获中国玉石雕刻"陆子冈杯"优秀奖
2013年"悟"荣获中国玉石雕刻"陆子冈杯"优秀奖
2013年"励志"荣获中国玉石雕刻"陆子冈杯"优秀奖
2013年荣获苏州首届玉雕新秀
2013年"马上封侯"荣获中国玉器"百花奖"银奖
2014年"嫦娥奔月"荣获中国工艺美术"百花奖"金奖
2014年"伯乐相马"荣获首届中国玉石雕刻作品"九龙奖"银奖
2014年"马上封侯"荣获第六届中国上海玉石雕刻"玉龙奖"银奖
2014年"观音"荣获百花玉缘杯中国玉石雕银奖
2014年"印章"荣获中国玉石雕刻作品"玉星奖"优秀作品奖
2014年"母子情深"荣获中国玉石雕刻"陆子冈杯"金奖
2014年"问道"荣获中国玉器"九龙奖"银奖
2014年"花样年华"荣获中国玉器"九龙奖"银奖
2014年"全家福"荣获中国玉石雕刻"神工奖"银奖
2014年"龙凤呈祥"荣获中国玉石雕刻"神工奖"铜奖
2015年"沐浴"荣获莆田大百花铜奖

丁在煜

南红：
搅动一江春水

田燕

通过这场尊享会，不仅能让更多的人了解南红，为喜欢南红的人提供了一个交流的平台，更反映了南红的市场热度和受追捧度。南红，这一抹"红"搅动了一江春水，也必将掀起更大的"红色"浪潮。

2014年9月1日，一场为期4天的顶级南红玛瑙的尊享盛宴在北京完美落幕。

"红韵千秋——中国当代顶级南红玛瑙尊享会"由中国珠宝玉石首饰行业协会、苏州国色文化艺术发展有限公司、苏州南红交易中心共同举办，尊享会现场展出中国南红雕刻领域领军人物侯晓锋、黄杨洪、范同生、李栋等众多玉雕大师的南红作品。现场还有顶级的珠链、配饰等集中亮相，展品品类丰富、品质上乘，是当今最顶级和最专业的南红尊享会。

"这次展览的意义很不一样。"苏州玉石行业协会南红专业委员会会长丁在煜说，中国珠宝玉石首饰行业协会是业内的权威，旗下的翠钻珠宝展厅除了专业，更是珠宝展览的顶级象征。南红作为一个新的珠宝玉石品种，在这里做尊享会，意味着更权威的认可。

通过这场尊享会，不仅能让更多的人了解南红，为喜欢南红的人提供了一个交流的平台，更反映了南红的市场热度和受追捧度。南红，这一抹"红"搅动了一江春水，也必将掀起更大的"红色"浪潮。

高端路线

为了这次顶级南红玛瑙尊享会，丁在煜足足准备了一年多。"从去年7月份就开始预订展位，筹备活动。"他说，南红作为一个"年轻"的珠宝玉石品种,在短短5年里,虽然已经获得了不少人的认可和喜爱,但在整体高度上还需要提升,这次在翠钻珠宝展厅的尊享会就是希望面向更多的高端受众去推广南红。

"以前中宝协的一些珠宝展南红也陆续参与过,所以他们对南红是有一定的认知度的,并且他们认为南红不仅是材料好,工艺能力也非常棒。"当丁在煜把办南红展想法跟中宝协沟通后,双方很快达成共识。

值得一提的是,翠钻珠宝展厅以前经常办一些彩宝、钻石、沉香的展览,但玉石雕刻类的展还从未有过,此次的顶级南红尊享会,可谓是玉石雕刻第一展,其意义更加深远。

"任何一种新的玉石和宝石品种,一定要出现一些非常好的材料和作品,才能促进整个行业的发展。"在丁在煜看来,南红进入高端人群是势在必行,因此,此次尊享会展出的都是中国南红雕刻领域领军人物的顶级南红玛瑙作品,以及顶级南红珠链、配饰等。

侯晓锋、范同生、柴艺扬、蒋宏利、黄杨洪、张永来、白骑通、叶遂群、叶海林、李栋、黄文中、裴进、赵靖玥、赵文金、张家栋、墨竹、丁醒、庄石磊、吴照龙、覃晓龙、张书果、冯卫强等众多玉雕大师的顶级南红作品,让参观者大饱眼福,连连称赞。

除了精美绝伦的展品,尊享会期间每天下午3点,丁在煜还准时开讲南红文化的前世今生。远至旧石器时代,近至现时现刻,非常全面地为大家讲解南红这一具有深厚文化背景的红色玉石。

"讲述南红深远的历史文化,旨在提高南红鉴赏能力,并为大家提供南红收藏的最佳建议。"丁在煜说,"我们需要让更多的人认识南红,了解南红,虽然现在南红的推广力度还是不错的,但在二三线城市,甚至四线城市对于南红的认知度还很低,但这些城市里都不乏一些优质客户。"

丁在煜表示,未来会多举办一些类似的分享会和小讲座,带着南红实物,让他们多看、多接触,让大家了解什么是真正顶级的南红,什么样的南红是可以收藏的,收藏南红需要注意些什么,让南红的收藏更加普及,走向可持续发展的健康道路。

信心十足

在顶级南红尊享会上,不少南红资深玩家和爱好者都是慕名而来,珠宝鉴定师曹博士就是其中之一。

"我是去年在万特珠宝城第一次看到南红,当时就被它鲜艳的颜色所吸引,上手后感觉与质感也不错。"曹博士说,"自己一直是做钻石及珠宝鉴定的,所以对新的珠宝玉石品类还是比较敏感。"

他当即买了一些南红珠串,没想到有不少朋友看到后都非常喜欢,很快都转手了。"朋友知道我懂点珠宝,所以很多人就开始托我帮他们买南红。"他说,由此可见,大家对南红的接受度还是蛮高的。

但曹博士也直言,南红的价格涨得太快了,"今年3月份,

悠闲自在

一路连科

我买了一串南红，1500元。两个月后，我到同一个店，相同质地、大小的一串南红，老板要价2500，还不还价。"南红的热度可见一斑。

在曹博士看来，南红受到市场追捧是好事，但任何东西都需要有一个合理的利润空间，需要制定相应的标准。像钻石，有统一的标准和相对透明的价格，所以钻石市场一直保持稳步的上涨，这也是相对健康的市场。对于南红来说也一样，如果价格一味暴涨，并不利于后续的健康发展。

同时，曹博士还建议，未来南红可以朝着珠宝配饰方向发展。他曾给妻子送过一件南红的珠串，2000多元，佩戴起来也非常漂亮，"珠宝市场很大，并且有合理的利润空间，长期来说会是比较健康的。"

与曹博士不同，做小额贷款的杨女士更多地从自身喜好出发，"我认识南红有3年了。初见就感觉颜色鲜艳，很富贵、喜庆，符合中国人的审美，而且触感跟白玉很相似、很温润，所以也算是一见倾心，一直追到现在。"

其实，杨女士对于南红玛瑙并不陌生，"我有个亲戚原是中工美的，以前总会拿一些南红玛瑙回来，哄小孩玩，但那个时候的南红玛瑙都是不雕刻的，也不值钱，大家也没觉得是好东西。"她说，直到3年前再见南红，是一个精致的雕件。

通过介绍她才知道，川料的开发，让南红材料有了更多样性的选择，同时，原来苏州有一批白玉的雕刻师逐渐转到南红上，苏工的精细与巧思，让南红有了不一样的韵味，感觉非常顺眼。

"就这样一路追，刚开始追的时候价格就很贵了，现在感觉都有点追不上了。"杨女士笑着说。虽然现在也有不少新兴的收藏投资品种冒出来，但感觉南红还会继续往前走。因为，南红和白玉、翡翠比起来还有非常大的升值空间。而且更重要的是，南红并不是某些资金大鳄砸出来，而是由像她一样的，许许多多的普通爱好者追捧出来的。

杨女士说，自己购买的南红作品，都会在朋友圈里秀一下，现在好多朋友在她的影响下，都成为了南红的粉丝，"她们现在都很感激我，不仅得到了这么好的作品，价格也涨了不少。"不过在杨女士看来，收藏投资南红不能一味想着升值，关键还是要自己喜欢。

此次参展的玉雕大师墨竹也告诉记者，今年南红市场慢慢趋于理性化，"这是一个非常好的趋势，大家经过一段时间，对南红有了更加深入的了解和认识，不会再盲目购买。未来会

度化（正）

度化（反）

理性地选择更加适合自己的作品，对作品的要求也会越来越趋向精品化。"

在墨竹看来，挑选南红作品不能一味地崇拜名家，每个名家都会有自己相对擅长的作品，要从创意、材料、雕工等多方面综合考虑。

在跟不少客户交流后，墨竹发现，相比于南红从业者，消费者的信心更足，热情更高。"这就是南红的魅力，它是真正让人喜欢。"墨竹说，南红有深厚的文化内涵，有可以传世的雕刻工艺，这才是收藏的价值和意义。

她还表示，大家对南红从知道到重新认识，再到深入了解，会是一个漫长的过程，未来还需要各方人士做更多的工作和分享，将南红文化慢慢渗透开来。

打破界限

对于南红的未来，丁在煜更是充满信心。

"现在南红圈子里的人都认为，南红未来一定会成为除了翡翠和白玉之外的第三大玉石雕刻品种和门类。"丁在煜笑着说，"很多人还提出了'红遍全国''红遍全球'的口号。能不能红遍全球我不敢保证，但'红遍全国'已经是不争的事实了。"

玩玉石的人都知道，在中国玉石雕刻有南北之分。几十年来，白玉的工艺雕刻、文化积淀主要集中在北方，而翡翠则主要在南方，在云南、广西、长江三角洲一带，基本不过江。"白玉和翡翠基本是你做你的，我做我的，但南红进入玉石雕刻领域后，情况发生了明显的变化。"丁在煜介绍说，南红就像"红色毒药"一样，搅动了南北的工作室和雕刻师。

南红的这一次兴起最早在苏州，一开始开发出来的川料南红，跟白玉相似，有油润感，因此，苏州一批雕刻白玉的工艺师开始转型雕刻南红。好材料，巧雕工，让南红很快成为收藏投资新宠。

随着南红热度不断升温，四川不同地区的南红材料被开发利用，一些红白料、冻料慢慢进入南方雕刻师的视线。"南方主要是以翡翠为基础，所以在南红材料选择上，多以透亮的、纯净的、玻璃质感的为主。"丁在煜说，现在南方市场在南红的设计制作、加工销售方面也都非常火爆。

南红打破了"南北"的界限，"作为一个特别好的载体，它有红、有白、有冻等等各种质感的材料，比其他任何一种材料都丰富，它可以满足南北方各种群体的雕刻技艺和手法。"丁在煜说，每一个地区都有自己的工艺特点，但都可以在南红施展，这就是南红的独特魅力。

对于南红来说，没有了南北的界限，对整个艺术的提升、市场的发展都是利好的。"有竞争才有进步，能让更多的人认知南红，了解南红。同时，也给北工带来了紧迫感。"丁在煜表示，未来想要发展得更好，就必须不断地提升自己，修炼自己，把"内功"练好，才能立于不败之地。

未来，苏州南红专业委员会会更加抱团发展，丁在煜介绍说，协会正在筹备成立苏州南红雕刻工作室联盟。该联盟将聚集苏州所有的雕刻工作室，开实体店做展示，一个实体店会有四五十家工作室集体展示。

"比如我们开家店，每一个工作室都有一个柜台，都有一段工作室的视频介绍。通过展示，客户可以选择成品，也可以选择来料加工。"丁在煜指绘道，"我们会以5个工作室为一个小组，每5天换一次新东西，这样每家实体店，每隔四五天，就会有百分之四五十的作品更替，能让当地的客户经常见到新东西。"

丁在煜自信地说："现在这种模式只有苏州南红专业委员会可以办到，因为苏州南红雕刻团体大，我们更集中，我们更团结。"

南红玛瑙
渐成拍卖市场"新宠"

燕子

随着国内收藏投资热的"升温",重回收藏界的南红玛瑙在2014年的拍卖市场更加"荣光绽放",并逐渐成为"市场新宠"。

南红玛瑙质地细腻,是我国独有品种。早在春秋战国时期,南红就是贵族们的宠儿,在出土的战国贵族墓葬中就有南红玛瑙的串饰。但是,由于储量稀少,在清朝乾隆年间就已开采殆尽,南红逐渐淡出收藏家的视野。

尽管20世纪80年代,云南保山少量南红被开采上市,但市场热度一般。2009年,随着四川凉山地区高品质南红矿的发现,南红玛瑙重新受到藏界追捧。

凉山地区的南红是目前已知品质最好的南红玛瑙,其颜色艳丽,润泽度和浑厚度佳,完整度好,这是历史上任何其他产地的南红都不具备的优势。更重要的是,苏州有一批知名玉雕师,潜心钻研南红的雕刻,把苏工与南红完美结合,赋予了南红更多的灵魂,提升了南红的市场价值。

随着越来越多的南红精品雕件的面世,南红拍卖也日渐火爆。2013年的博观春季拍卖第一场便是南红玛瑙的专场,不少买家慕名而来。从成交结果上来看,拍卖总成交价为191.82万元(含佣金),98件拍品成交53件,成交率为54%。对于一个新兴的玉雕品种来说,这样的成绩足以说明大众对于南红玛瑙的喜爱。

初战告捷,博观拍卖2014年在南红上继续发力,多个拍卖专场上都能见到南红的身影。4月份的小型南红专场拍卖总成交额达到154.1万元;2014年第八期玲珑美玉拍卖专场中,苏州知名玉雕师、苏州市玉石文化行业协会南红专业委员会秘书长柴艺扬的南红玛瑙茶香摆件,更是以10.4万元成交。

如果说博观是专业的玉雕拍卖公司不具普遍性,那么,2014年北京保利国际拍卖公司的春拍中,也出现了南红的身影,则足以说明问题。6月7日,在保利春拍专门开设的"持与心渡——天珠、念珠专场"上,一条南红玛瑙项链以57.5万元的高价成交,这不仅是对南红玛瑙的肯定,更是传递了一个积极的信号——南红玛瑙受到市场的高度认可,未来必将再创新高。

2014年南红成品拍卖部分成交情况

北京保利国际拍卖有限公司2014春拍
持与心渡 —— 天珠、念珠专场

★ **南红玛瑙手串**
编号：6761
尺寸：1.3cm×1.2cm
成交价：RMB 36,800

★ **南红二十六颗项链**
编号：6766
尺寸：1.9cm×1.2cm
成交价：RMB 13,800

★ **南红玛瑙手串**
编号：6762
尺寸：2.6cm×1.6cm
成交价：RMB 17,250

★ **南红配松石、青金项链**
编号：6767
尺寸：最大半径1.9cm
成交价：RMB 11,500

★ **南红玛瑙项饰**
编号：6764
尺寸：2.5cm×2.3cm
成交价：RMB 5750

★ **南红玛瑙项链**
编号：6821
尺寸：最大半径2.7cm
成交价：RMB 575,000

北京博观拍卖
2014年第八期玲珑美玉——当代珠宝玉石精品拍卖会（8月10日）

★ **黄文中·南红玛瑙太平有象挂件**
图录号：11684
尺寸：4.0cm×2.6cm×2.2cm 35g
成交价：RMB 42,000

★ **黄杨洪·南红玛瑙清荷雅韵挂件**
图录号：11687
尺寸：3.4cm×2.4cm×1.2cm 12.8g
成交价：RMB 48,000

★ **柴艺扬·南红玛瑙旭日东升挂件**
图录号：11685
尺寸：4.0cm×2.9cm×1.7cm
成交价：RMB 22,000

★ **胡慧君·南红玛瑙夏韵挂件**
图录号：11688
尺寸：4.1cm×3.0cm×1.7cm 30.5g
成交价：RMB 16,000

★ **南红玛瑙念珠**
图录号：11686
尺寸：88粒 251g
成交价：RMB 4000

★ **胡慧君·南红玛瑙福在眼前挂件**
图录号：11689
尺寸：3.7cm×2.8cm×1.2cm 22.6g
成交价：RMB 10,000

★ 宋佳音 · 南红玛瑙莲花观音挂件

图录号：11690
尺寸：4.0cm×3.0cm×1.0cm 15.2g
成交价：RMB10000

★ 赵琦 · 南红玛瑙马上封侯把件

图录号：11693
尺寸：8.1cm×4.1cm×1cm 79g
成交价：RMB36000

★ 徐云栋 · 南红玛瑙世世英武佩

图录号：11694
尺寸：6.9cm×3.1cm×1.5cm 43g
成交价：8000

★ 黄杨洪 · 南红玛瑙寿喜佩

图录号：11695
尺寸：3.7cm×3cm×1.4cm 19.3g
成交价：RMB24000

★ 罗光明 · 南红玛瑙山茶花挂件

图录号：11696
尺寸：3.5cm×2.7cm×1.6cm 53g
成交价：RMB10000

★ 黄杨洪 · 南红玛瑙清趣佩

图录号：11697
尺寸：3.0cm×2.2cm×1.6cm 14g
成交价：16000

★ 侯晓锋 · 南红玛瑙弥勒佛牌

图录号：11698
尺寸：3.3cm×2.2cm×1.1cm 13.4g
成交价：RMB29000

★ 南红玛瑙佛珠

图录号：11699
尺寸：108粒 93g
成交价：RMB10000

★ 宋世义 · 南红玛瑙佛佩

图录号：11700
尺寸：6.7cm×3.5cm×1.1cm 43g
成交价：RMB50000

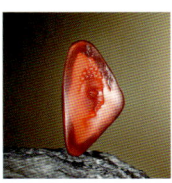

★ 侯晓锋 · 南红玛瑙弥勒佩

图录号：11701
尺寸：4.1cm×3.0cm×1.4cm 27g
成交价：RMB18000

★ 罗光明 · 南红玛瑙蝶恋花挂件

图录号：11702
尺寸：4.0cm×4.0cm×1.5cm 50g
成交价：RMB20000

★ 黄杨洪 · 南红玛瑙一念成佛把玩件

图录号：11703
尺寸：5.1cm×4.5cm×3.0cm 94g
成交价：RMB155000

★ 南红玛瑙珠串

图录号：11704
尺寸：规格：63粒 93g
成交价：RMB6000

★ 罗光明 · 南红玛瑙大家闺秀挂件

图录号：11705
尺寸：4.5cm×2.3cm×1.2cm 15g
成交价：RMB20000

收藏与投资

★ **柴艺扬 · 南红玛瑙坐禅牌**

图录号：11706
尺寸：5.8cm×3.0cm×1.5cm 38g
成交价：RMB46000

★ **柴艺扬 · 南红玛瑙独乐把件**

图录号：11707
尺寸：7.1cm×6.2cm×5.3cm 263g
成交价：RMB52000

★ **柴艺扬 · 南红玛瑙茶香摆件**

图录号：11711
尺寸：7.3cm×6.0cm×1.5cm 68g
成交价：RMB104000

★ **柴艺扬 · 南红玛瑙喜上加喜挂件**

图录号：11712
尺寸：6.3cm×2.1cm×1.5cm 23g
成交价：RMB6000

★ **柴艺扬 · 南红玛瑙悟道挂件**

图录号：11713
尺寸：4.4cm×3.3cm×1.4cm 28g
成交价：RMB16000

★ **黄杨洪 · 南红玛瑙清莲佩**

图录号：11714
尺寸：3.5cm×2.6cm×2.5cm 30.5g
成交价：RMB30000

★ **柴艺扬 · 南红玛瑙烟雨江南挂件**

图录号：11715
尺寸：4.7cm×2.7cm×1.8cm 32g
成交价：RMB26000

★ **柴艺扬 · 南红玛瑙江南秋韵挂件**

图录号：11716
尺寸：5.2cm×2.5cm×1.4cm 19g
成交价：RMB24000

★ **罗光明 · 南红玛瑙呵护挂件**

图录号：11717
尺寸：3.6cm×2.4cm×1.6cm 35.6g
成交价：RMB22000

★ **柴艺扬 · 南红玛瑙跟随把件**

图录号：11718
尺寸：6.6cm×3.0cm×2.4cm 67g
成交价：RMB8000

★ **罗光明 · 南红玛瑙梨园新词挂件**

图录号：11719
尺寸：4.6cm×2.7cm×1.3cm 20g
成交价：RMB21000

★ **南红玛瑙喜临门挂件**

图录号：11720
尺寸：4.2cm×2.9cm×2.2cm 41.5g
成交价：RMB12000

★ **徐云栋 · 南红玛瑙关公佩**

图录号：11721
尺寸：4.7cm×3.1cm×2.6cm 43g
成交价：RMB13000

南红玛瑙
两次大洗牌背后的思考

韩龙

> 南红玛瑙对于身处这次浪潮中的每一个人来说，机会都是均等的，就像命运之于你我，之于每个人，而每个人在大潮中的浮沉，是被命运眷顾还是抛离，就要看眼光、胆量和运气。

在很多人眼中，南红玛瑙从默默无闻到突然出现，仿佛是转眼之间的事，尚未来得及熟悉和了解，其价格就已经开始了飞跃性暴涨，一夜之间红遍大江南北。然而，这世界上没有任何事情是无缘无故的，仔细排查南红玛瑙的发展过程，并将之提炼出来，可以看到一个清晰的脉络，而在这脉络之中，值得记住的总是那些起承转合的重要节点。

对于刚刚起步几年的南红玛瑙来说，这些重要的节点无疑是频繁而残酷的行业洗牌。对于一个已经企稳的行业来说，洗牌是艰难的，很多时候都是在现状已经无路可走的时候，才被迫发生。但对于发展初期的南红玛瑙来说，一次暴涨，一次市场的重新选择，就有可能导致行业的大洗牌。

我在《南红玛瑙收藏与鉴赏》这本书的前言中，写过这样一段话：

南红玛瑙对于身处这次浪潮中的每一个人来说，机会都是均等的，就像命运之于你我，之于每个人，而每个人在大潮中的浮沉，是被命运眷顾还是抛离，就要看眼光、胆量和运气。每一次洗牌，都会有人倒下，有人站起来，南红玛瑙就在这样的过程中，大步向前，一路企稳。

作为一个记录者，我的职责就是在南红玛瑙发展的长河中寻找这些起承转合的重要节点，并将之记录下来，探索其背后的一些东西，并期待这种记录与探索，对迎接下一次洗牌有所裨益。

第一次大洗牌

南红玛瑙第一次大洗牌，大约在2012年下半年。从2009年到2012年，经过三年的蓄力，南红玛瑙在圈内已经积攒了数量可观的基础受众，涨价的苗头开始暗潮涌动。

但是，在宝玉石圈子里，"玛瑙"这种东西向来不是贵族，很多人因为其"玛瑙"的身份，从一开始就否决了其成功的可能性。即使是具体到"南红玛瑙"这种特定的东西，之前大多数人对其知之甚少，圈内人知道南红玛瑙，但是，之前很长一段时间，南红玛瑙价格低廉，藏区的老南红珠子，价格不过几元钱一颗，是没什么人要的"搭头"，这种"先入为主"的理念，让很多人对南红玛瑙的涨价嗤之以鼻。

嗤之以鼻者的论据很充分：南红玛瑙，只是"玛瑙"，不如和田玉温润，不如翡翠通透，出身不高，不过是一种红色的石头，所以没有前途。

2012年，南红玛瑙的价格只是现在价格的10%~20%，但是，很多老派的人已经感觉无法容忍。有人开始对南红玛瑙进

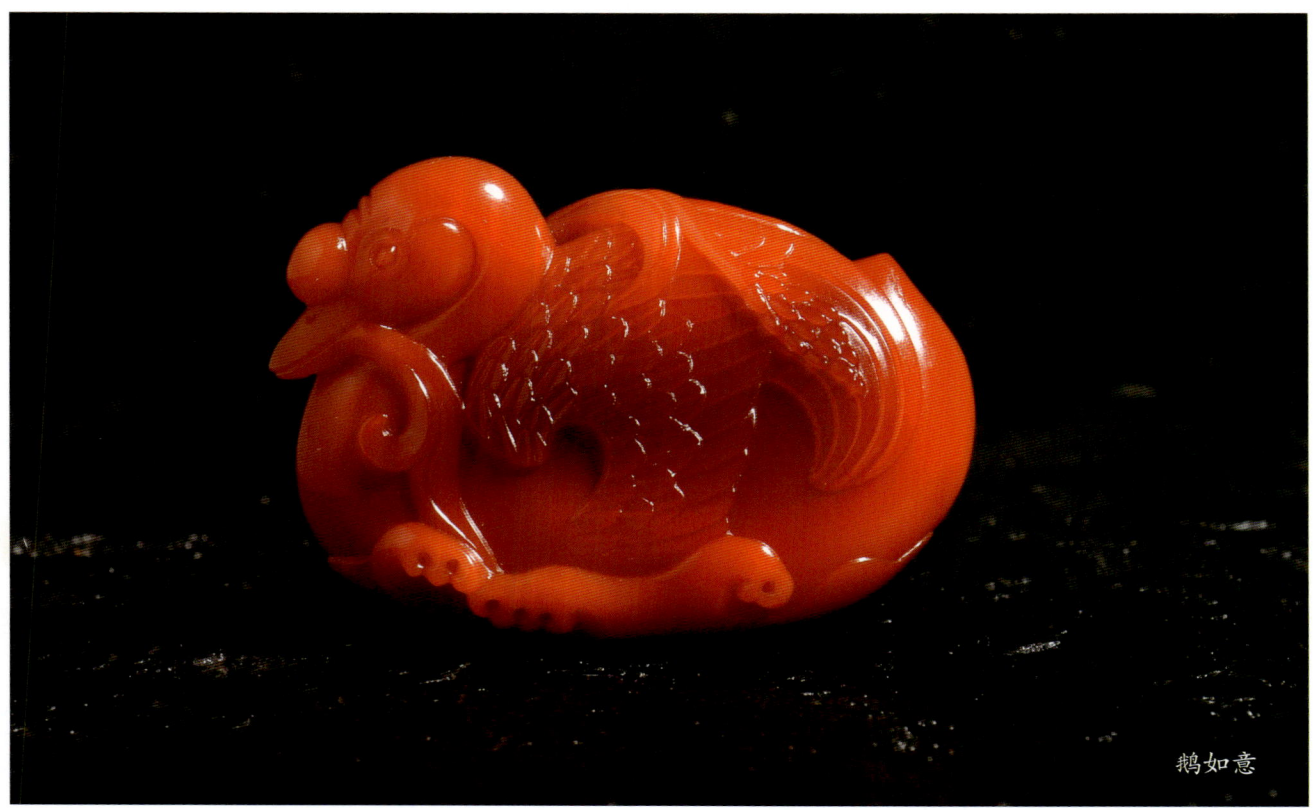

鹅如意

行坚决的抵制甚至攻击,认为南红玛瑙崩盘在即,绝无再进一步发展的可能。

对新生事物的抵制和打击,是不少人的习惯性反应,尤其是在旧秩序下的既得利益者。他们往往是文玩和宝玉石界的先行者,"过来人"谆谆教诲般的言论,或言之凿凿,或忧心忡忡,或不屑冷笑,这种态度影响到了一大批人,人们开始观望。而当第一次有人喊出"南红克万(即每克价格达到万元)"的时候,所遭遇的讥笑和嘲讽简直达到了铺天盖地的程度,绝大多数人都认为,这不啻于痴人说梦。

然而,南红玛瑙暴涨的一切时机都已经成熟了:其色泽符合国人审美,深得国人青睐;其历史悠久,有文化有传承;其价格不高,而市场需求量巨大;其经过三年的蓄力,已经积攒了数量可观的基础受众,爆发之势已经不可阻挡……

一方面是旧势力的打压,一方面是新势力的蓄势待发,两者在短期内形成了一种僵持和对峙。

南红玛瑙爆发已是大势所趋,现在的状况,只是需要一个火种,来点燃这根引线。

就在这种对峙的局面下,北京电视台在最恰当的时机下推出了一期南红玛瑙的节目,此时正是2012年岁末。虽然北京电视台对于南红玛瑙宣传和报道的内容和导向,可能不是非常确切,但是不得不说,其在2012年岁末的报道,对南红玛瑙来说是一件大善事。

南红玛瑙就此被全民引爆。北京是中国文玩圈子的中心,往往扮演着引领风潮的角色。对于南红玛瑙来说,北京也是最大的市场,最好的终端。这种爆发的威力,由北京迅速扩散至全国,很快,中央电视台也跟进进行了报道,这一波宣传的热潮,让无数人了解了南红玛瑙,直接导致了南红玛瑙的暴涨。

当时的观望者和攻击者就此出局——市场是残酷的,在稍纵即逝的机会面前,最先出局的,是那些犹豫不决的人和判断失误的人。这就是游戏的规则。而另一批人,当时的那些拥护者和坚决地把金钱和精力投入进去的人,在这一波大潮中,开始站立在浪潮之巅。这就是南红玛瑙这个行业的第一次大洗牌。

这一次大洗牌之后,南红玛瑙正式走入主流。

第二次大洗牌

南红玛瑙第二次大洗牌,大约在2014年初。众所周知,南红玛瑙能够"王者归来",就其本身来说,得益于四川凉山地区高品质南红玛瑙矿的发掘。起初,凉山地区对南红玛瑙矿的管理并不严格,供给量对于当时的市场来说十分充足,好东西很多,价格也便宜,是当时南红商家、玩家的主要来源。但是,自从2012年岁末南红身价暴涨之后,政府的管理开始悄然收紧。

2013年秋冬之交,发生了一起不大不小的矿难。由于这次矿难不是特别严重,对于这次矿难以及由此引发的封矿,并没

收藏与投资

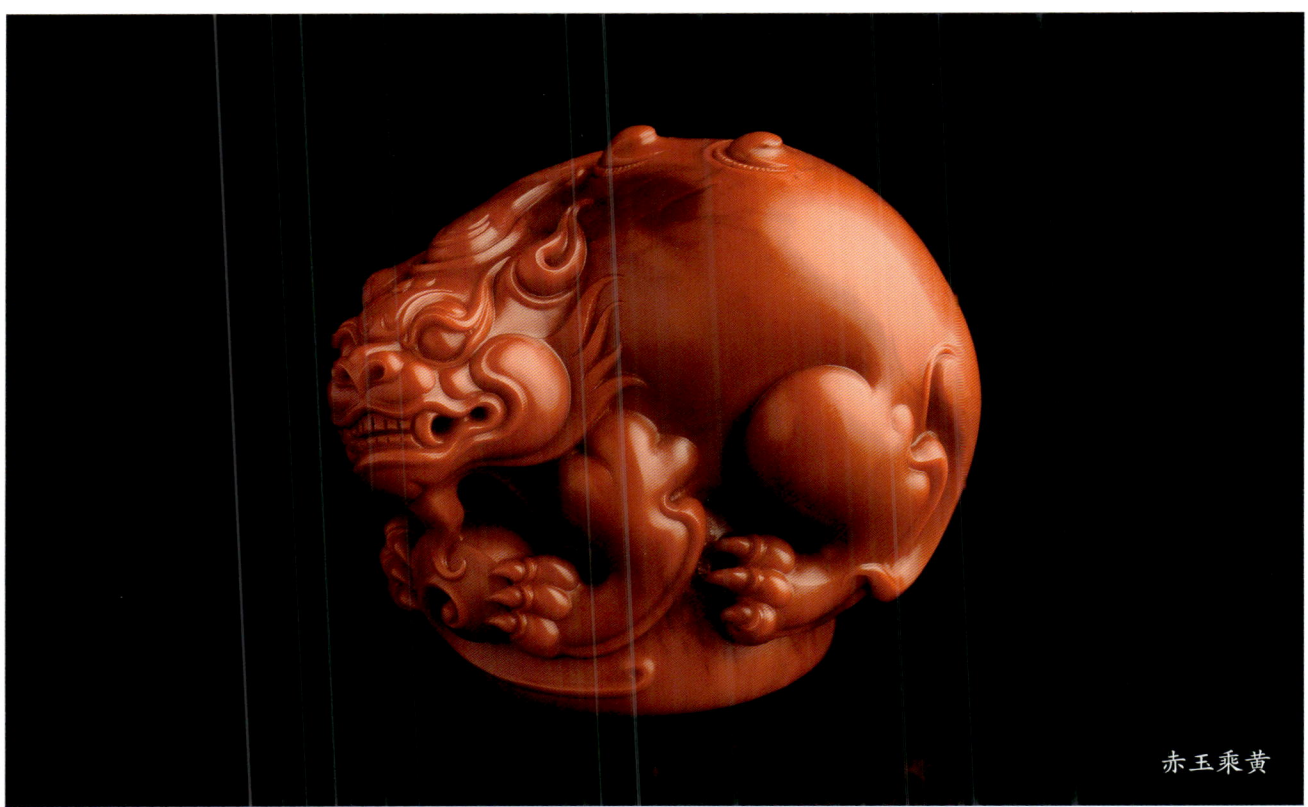

赤玉乘黄

有引起人们太多重视。

但是，这次封矿的时间有点长，一直到了冬天。入冬以后，矿山上的地质状况已经不适宜开采，原石的供应链就此断掉。

往年，由于市场需求有限，一整个冬天不开采，靠山民们和囤积商的存货，维持市场的周转毫无压力，但是这一次，一切都不一样了。由于南红玛瑙迅速普及，市场需求量大增，再加上价格持续上扬，很多囤积商都开始捂货惜售，甚至只进不出，封矿的影响开始逐渐显露出来。

渐渐地，市场上的好货越来越少，价格越来越高。人们寄希望于重新开矿能够缓解这种局面，几乎每天都会打探何时重新开挖，然而始终没有确切的消息，也看不到任何曙光。普及度越来越高，市场需求越来越大，而南红玛瑙的价格，就在这样的情况下继续上涨。

2014年开春以后，封矿仍然在继续。而随着大量的加工者、经营者介入南红玛瑙，涌入原产地市场，南红玛瑙又迎来了一次暴涨，短短三个月的时间，原石价格就涨了几倍，并且好料难求。

与第一次大洗牌不同的是，第一次大洗牌，几乎是在瞬间将大量边缘者清理出局，而这一次大洗牌，很多人是在无奈中慢慢淡出主流。

原料价格高，缺乏资金的人玩不起了；由于封矿导致好料难求，没有原料渠道的人拿不到好的原料，在终端市场上逐渐被边缘化……很多人在彷徨中期待，又在彷徨与期待中慢慢淡出，而那些在早期囤积了原料的人、有原料来源渠道的人、资金雄厚的人，则在这一次的大洗牌中显现出更强的优势，而市场为他们所做的自动淘汰，更让他们地位稳固，走上了稳定、良性发展的道路。这就是南红玛瑙这个行业的第二次大洗牌。

这一次大洗牌之后，圈外人靠着极少资金进入南红玛瑙这个行业的机会已经难以寻觅了。

两次大洗牌的背后

从2012年岁末，到2014年初，短短一年半的时间，南红玛瑙经历了两次大震动、大洗牌，而正是这两次看似动荡不安的大洗牌，让南红玛瑙整个行业开始转向正规和稳定。

回顾前两次大洗牌，我们能够总结出一些东西。表面来看，这两次洗牌，都是由于涨价引起的，但这只是表面现象，细究起来，还有很多深层次的原因。

第一次大洗牌，是南红玛瑙起势的初始，走入主流的必经之路。2012年岁末的那次暴涨，让很多人记忆深刻。很多人仿佛一夜之间，发现自己"买不起"南红了。其实，不是买不起，而是感觉无法接受。明明前段时间还那么便宜，怎么才一两个月的时间，就这么贵了呢？于是，在难以接受、害怕成为炒作的最后一个接棒者的心理的作用下，很多人感

全家福

觉自己"买不起"南红了。

我清楚地记得一件事，2012年初冬，暴涨开始前不长时间，有一位囤积商由于听了太多关于"崩盘"的论调，承受不了圈内议论的心理压力，以每克25元的价格甩掉大批全剥皮的纯色柿子红明料。这个价格，在当时还兜售了将近一周的时间，接洽了10多个人，最后才全部出手。最终的成交价格我不清楚，但是肯定是低于每克25元的。而现在，短短不到两年的时间，这种成色的料子，恐怕已经涨了不止10倍了。

现在，人们会感叹那时候的价格非常便宜，但在当时，人们已经认为价格很贵了。其实，公道来说，不是现在南红玛瑙的价格贵，而是那时候的价格太便宜了，与其价值是不匹配的。2012年岁末的暴涨和洗牌，对于南红玛瑙来说，是非常正确、非常合理的，让人们真正认识到了南红玛瑙的价值和潜力，让南红玛瑙进入主流，价格提到一种趋于正常的水平。

第二次大洗牌，"封矿"是直接原因。但是，很多人将再次涨价的根本原因归结于封矿，我认为这是错误的。2014年初的涨价，根本原因是市场的需求和接受度。市场对于这样的价格是认可的、接受的，因此涨价就成为了一种必然，这和是否封矿关系不大。涨价与跌价，起根本作用的都是市场的需求和接受度。

如果市场认可这样的价格，那么，即使不封矿、敞口供应，价格也不会下来，具体的例子看看星月菩提、金刚菩提等各种菩提子就可以明白：这些菩提子每年都有大量的新货下来，产量极大，从不断货缺货，但是，仍然会保持正常的上涨或者是稳定，而不会跌价。这就是因为，市场有这样的需求，这种需求让这些东西保持了一个向上的趋势。

如果市场不认可这样的价格，那么，即使封矿三五年，没有任何新料出来，价格也不会涨上去，因为涨价就没有人要，这是一个向下的趋势。

第二次大洗牌，是整个行业趋于专业化、提高稳定性的一种必然选择。经过这次洗牌，大资金做大生意、小资金做小生意的格局基本上就定下来了，前几年那种拿着1000元入场，一年狂赚上百万的神话，已经很难再重现。资源将会越来越集中到小部分人的手中，这种局面，将会催生出一些南红大鳄。

孔雀胸坠

第三次大洗牌还有多远?

洗牌,是一个行业的旧秩序被打破,市场上的地位被重新分配的过程。每一次洗牌,这个行业都会出现新的领头羊,因此,从这个角度来说,每一次洗牌,也都是一次站立在浪潮之巅的大机会。

以现在南红玛瑙的价格来说,再次暴涨的可能性,已经微乎其微。每一次暴涨,都是有必然原因的,就目前来说,南红玛瑙的价格已经基本上趋于稳定,达到了正常值,在未来一段时间内,会保持一个稳定在当前价格或者继续以平缓微小的幅度上涨的状态。

那么,在这种稳定的局面下,还会不会出现大洗牌?如果有,会是什么样的原因来诱发下一次的大洗牌?

答案是肯定的。如果说,前两次的洗牌,是市场的推动,是不可预料不可逆转的,那么,下一次的洗牌,很可能是行业中的从业者在困境中主动求变而引发。

随着行业的稳定,价格的稳定,在不久的将来,产品的同质化将会越来越明显(现在已经初步显现出了这样的端倪)。所谓"同质化",就是说,各个商家在产品的类别、款式、营销手段上相互模仿,以至逐渐趋同的现象。具体到南红玛瑙本身来说,其产品无非是珠子、镶嵌性饰品、雕件等几大类,区别空间本来就不大,完全同质化是一件极易发生、用时极短的事情。

一旦这种局面形成,而市场无法在短时间内形成更大幅度的拓展,那么,整个行业都会进入一种停滞不前的状态。这种情况下,不可避免地,各个商家要展开残酷的"价格战",以求同样的产品,能够从自己手里卖出去,获得利益。在残酷的"价格战"当中,一部分产品会成为微利的产品,一部分经营者由于失去了高额的回报,无法承受资金的压力,或者对行业失去信心,从而淡出,第三次大洗牌将由此拉开帷幕。

但是,"价格战"只是一种竞争的初级手段,是一种以"生存"为目的的营销手段。要想真正摆脱困境,经营者主动求变是唯一的途径。这时候,品牌建设、产品的个性化自主开发、服务的提升都会成为主流,谁最先意识到这一点,走出这一步,谁就会在这一次的大洗牌中成为新的领头羊。

当原始、落后的经营者无法占据主流,品牌建设和产品的自主开发成为常态,第三次大洗牌将会完成——这是一个漫长的过程。

凉山南红
成收藏"潜力股"

Angel

南红玛瑙矿藏量有限，有限的资源对于南红玛瑙的商业化运转是个非常头大的问题，所以很多人都希望能发现一些新的、矿藏丰富的地方，不论是中国还是外国，但五六年过去了，国内遍布全球的玉石探子也没能发现南红新矿源，可见这种南红玛瑙矿藏的稀缺程度。

虽然在2014年新近发现的非洲莫桑比克红玛瑙开始进入中国市场，但这种红玛瑙与南红还有着一定的差距，只能算是丰富了南红的大类，与南红还是相差甚远。

论收藏，顶级老南红是当之无愧的一号种子，但历史记载老南红早在清乾隆年间宣布绝矿，现存世的原料和制品也相当稀少，价格不菲。如按新南红的产地来分，专家指出，真正具有收藏价值的只有保山南红和凉山南红，但由于现在保山南红产量少价格高，因此真正具有收藏潜力的非凉山南红莫属。

川料崛起

不管是保山南红还是凉山南红它们的主要成分都是二氧化硅，和普通玛瑙是一样的。那南红和普通玛瑙有何区别呢？

保山料形成的时间非常长，随着地壳变化会有很多裂。俗话说"无裂不南红"，而且保山料都是在火山岩之间夹带，可能一大块火山岩中只有一点点保山南红。

由于保山料形成时间长，所以保山料的结构紧密细腻，质量也高。如果在阳光充足的地方，保山料的颜色则愈发漂亮，像一块红色美玉。而其他地区的料，红色的地方则失去光彩，这就是密度上的巨大差别。

皮子也是判断保山料的一个重要依据。保山料的皮是非常厚的，且皮子是密度很轻的火山岩。而其他地区产的玛瑙则是像一块石头，皮也非常薄，打掉石头皮之后，里面是红色。但这种红色颜色发飘，而且石头的质感非常强，经不起推敲。

"无裂非保山"是南红界的一句俗话，意指保山南红多绺裂，因此难得大件制品，一般是珠子等小器物为多，相反凉山南红韧性好，可轻松雕刻出大件精品。专家指出，对于有意长期投资的藏家来说，同等价位的情况下，一件凉山大摆件会比一件保山小器物价值高增值快，对于普通消费者而言，目前同样是凉山南红比较实惠。

不仅如此，川料南红还有着悠久的历史。据州博物馆馆长刘弘说，在德昌大石墓和盐源墓葬出土文物中，就有战国至西汉时期呈管状或珠状的红玛瑙饰品，其中有一件是30多颗红玛瑙串成的戴在颈项上的红玛瑙项链。

凉山南红是2009年才正式在凉山州美姑地区被发现，其中有不少块体较大并非常完整的材料，尤其适合雕刻加工。

好料配好工。当凉山南红被苏州玉雕师发挥利用后，做出颇具艺术性的雕件，凉山南红玛瑙的价值大大提升。

与众不同

凉山南红能一路高歌，究其原因也是它的特色让人欲罢

财神渡母对牌

不能。

凉山南红玛瑙满肉柿子红和锦红料。这种南红有着类似于和田玉的质感。肉质细腻油润，宝光内敛，尤其是亚光的，非常耐把玩。这种料子无论颜色还是质感，与普通玛瑙都是截然不同的。

凉山南红玛瑙火焰纹。所谓火焰纹，就像火焰在燃烧，在凉山南红玛瑙里面火焰纹是不得不说的，这种料子一般都是非常精彩，有若火焰燃烧，又似岩浆流动，非常有特色。就是一个光面的吊坠，也是非常耐把玩。火焰纹有满肉火焰纹和玫瑰火焰纹两种，都是各具特色。这在普通玛瑙里也是根本没有的。

玫瑰红冻料，这种料子就比较透一点了，就如同翡翠里形容的起胶了，胶感很强。色泽从艳丽到沉稳 艳丽的宛如玫瑰花瓣，沉稳的犹如紫色的丝绒。

联合料樱桃红，这是凉山南红中非常类似保山料的品种，有樱桃红、水红、粉色和糖色。这种南红玛瑙很大的特征就是朱砂点。越是纯净色艳的樱桃红料子，就越是珍贵。

凉山南红冰飘花，这是受到很多女性朋友喜欢的一个品种。冰清玉洁，飘花灵动。但是这种质地，与普通玛瑙区别不大。

凉山南红草花。这种是喜欢图案和奇石的朋友们追捧的宝贝。但是也与普通玛瑙区别不大。

缟玛瑙，所有一切凉山南红里有缟线缠丝的玛瑙，统统归属在缟玛瑙之中。这种玛瑙因为在其他普通玛瑙中也极为常见，在现在的凉山南红中受的关注度比较低，其实其中一些色彩花纹都有极好表现的玛瑙，也是非常珍贵的。

如今，这些不同质地的凉山南红，在苏州玉雕师的手中都有不同的题材展现。雕刻，赋予了川料·南红更多的文化内涵，这也正是凉山南红的真正价值所在。

走遍云南保山、甘肃迭部、凉山美姑，了解的只是南红的资源分布；
入驻苏州南红交易中心，才能鉴赏南红的稀世之美并把握其收藏投资价值！

玉不琢 不成器

南红交易中心在苏州
——你在哪里？

位居黄金地段
苏州南红交易中心地处苏州市姑苏区十全街南红玉雕中心的繁华地带，带城桥路151号。交易中心所在的十全街与带城桥路交叉口被誉为该地段的黄金商段，十全街的玉雕全貌尽收眼底，这里汇集着多达四五千的南红玛瑙从业人员，名扬国内外的苏工精品南红玛瑙雕件就出自这里，这里有来自全国各地的玉雕大师、玉雕学员，这就是苏州南红交易中心的所在地。

苏州南红交易中心未来将建成苏州南红新地标，这里将会迎接来自全国各地的南红商家和爱好者，向其展示苏工南红雕件的艺术魅力。与此同时，不同产地的南红玛瑙原石也将汇聚在二楼的原材料交易区，使其成为一个重要的南红原材料销售宣传平台。

届时苏州南红交易中心二楼的原材料交易市场将汇聚保山、凉山南红玛瑙原石供应商，满足来此选购材料的商户，同时将以苏州市场为中心，向周边省市辐射，包括扬州、上海、北京、杭州、河南、安徽等工作室，南红商家、爱好者来此采购。

规划布局合理
定位"南红新地标"的苏州南红交易中心为地上四层建筑。一至三层拥有多达数千平米的工作场地，主要以南红成品、原石为主的交易商铺和以南红为主的玉雕工作室，四层主要是南红专业委员会、南红文化艺术展示中心、南红文化研究院等行业主管、研究机构的办公场所。

中心户外配有规范停车场地，中心两侧也有星级酒店停车场，出入便捷。

物管安保完善
南红为玉，典藏慎行。苏州南红交易中心的安保环境让你放心，交易中心的安全保证可谓"固若金汤"：交易中心采用现代高科技防盗、防火电子监控设备，无缝隙覆盖；安保人员亦是退役武警官兵，军事化管理，全天候24小时巡逻，为入驻商户提供一个安全良好的工作环境。

权威机构入驻
南红专业委员会的入驻为苏州南红交易中心更添专业性和权威性；

"南红文化艺术展示中心"是全国唯一一个以南红玛瑙艺术品展示为主的中心，向大家全方位展示南红玛瑙与艺术的完美融合，未来以南红展销会、拍卖会、玉雕评比等表现形式，为大家呈上最美、最天然的南红视觉盛宴；

南红文化研究院是一个以南红文化研究为主的组织，挖掘南红文化历史传承，研究南红文化近现代走势，把握南红文化与未来结合等课题均为研究院的工作重点。

强势品牌传播
苏州南红交易中心拥有专业南红网站、全国唯一专业权威出版物——《国色南红》和交易中心大型户外LED广告屏等宣传优势，不定期为入驻商家做面向全国范围内的南红推广，吸引更多南红玛瑙商家、爱好者来此选购。位于苏州南红交易中心四层的各级机构也将发挥其专业优势，为入驻商家带来可观客户量。

运作企业

苏州国色文化艺术发展有限公司

苏州国色文化艺术发展有限公司是一家集艺术品交流展示、评定鉴赏、品牌推广于一体的文化发展公司，业务涵盖文化艺术品专业市场、展厅、博物馆、专业艺术品网站及专业杂志、艺术品交流、活动策划、展览展会服务，珠宝、玉石、首饰的租赁、加工、销售、批发等领域。

公司有着专业的艺术品鉴定师和资深艺术品收藏家，对艺术品品鉴、营销以及会场布置等有着独到的见解。

公司秉承"诚信服务，质量第一"经营理念，赢得了广大客户的信赖。在未来的市场经营中，公司以更好的服务和高质量的产品，将国色文化发展有限公司打造成行业知名品牌。

招商热线
138 1296 9069 丁经理

佛手禅心

图书在版编目（CIP）数据

国色南红 / 苏州国色文化艺术发展有限公司编.——北京：北京燕山出版社，2015.6
ISBN 978-7-5402-3853-7

Ⅰ.①国… Ⅱ.①苏… Ⅲ.①玛瑙－收藏－基本知识－中国②玛瑙－投资－基本知识－中国 Ⅳ.① G894 ② F724.787

中国版本图书馆 CIP 数据核字 (2015) 第 106339 号

广告经营许可证：京西工商广字第 8112 号（1-1）

国色南红
GUOSE NANHONG

编　　者	苏州国色文化艺术发展有限公司
责任编辑	郭东梅　王梦楠
责任校对	甄　飞　胡玉萍
封面设计	张留安
社　　址	北京市西城区陶然亭路 53 号 (100054)
网　　站	http://www.bjyspress.com
微　　博	http://weibo.com/u/2526206071
电　　话	010 6524 0430
传　　真	010 6358 7071
印　　刷	北京凯德印刷有限责任公司
开　　本	889mm×1194mm　1/16
字　　数	180 千字
印　　张	9.25
版　　次	2015 年 7 月第 1 版
印　　次	2015 年 7 月第 1 版第 1 次印刷
定　　价	88.00 元
出版发行	北京燕山出版社 BEIJING YANSHAN PRESS

版权所有　盗版必究